核技术利用辐射安全法律法规汇编

环境保护部核与辐射安全监管三司
环境保护部核与辐射安全中心　编

中国环境科学出版社·北京

图书在版编目（CIP）数据

核技术利用辐射安全法律法规汇编/环境保护部核与辐射安全监管三司，环境保护部核与辐射安全中心编．—北京：中国环境科学出版社，2012.10

ISBN 978－7－5111－1129－6

Ⅰ.①核… Ⅱ.①环… Ⅲ.①核防护—安全法规—汇编—中国②辐射防护—安全法规—汇编—中国 Ⅳ.①D922.549

中国版本图书馆 CIP 数据核字(2012)第 227294 号

责任编辑 刘 璐
责任校对 扣志红
封面设计 金 喆

出版发行 中国环境科学出版社
（100062 北京市东城区广渠门内大街 16 号）
网 址：http：//www.cesp.com.cn
联系电话：010－67112765（编辑管理部）
发行热线：010－67125803，010－67113405（传真）
印 刷 北京中科印刷有限公司
经 销 各地新华书店
版 次 2012 年 10 月第 1 版
印 次 2012 年 10 月第 1 次印刷
开 本 787×1092 1/16
印 张 13
字 数 240 千字
定 价 55.00 元

《核技术利用辐射安全法律法规汇编》

编 委 会

前　　言

本书收录了核技术利用辐射安全相关的一些法律法规、部门规章及文件，经环境保护部审定，作为辐射安全与防护培训指定教材，供全国辐射安全监管领域及从事医学放射治疗、放射诊断、放射免疫、辐射防护、环境保护、工业辐照、工业无损探伤、放射性监测、放射性物质运输与废物管理、测井、核仪器、示踪、铀矿冶等领域的辐射工作人员使用。

目　录

中华人民共和国放射性污染防治法 …… 1
第一章　总则 …… 1
第二章　放射性污染防治的监督管理 …… 2
第三章　核设施的放射性污染防治 …… 3
第四章　核技术利用的放射性污染防治 …… 4
第五章　铀（钍）矿和伴生放射性矿开发利用的放射性污染防治 …… 6
第六章　放射性废物管理 …… 6
第七章　法律责任 …… 7
第八章　附则 …… 9
放射性同位素与射线装置安全和防护条例 …… 11
第一章　总则 …… 11
第二章　许可和备案 …… 12
第三章　安全和防护 …… 15
第四章　辐射事故应急处理 …… 17
第五章　监督检查 …… 19
第六章　法律责任 …… 20
第七章　附则 …… 23
《放射性同位素与射线装置安全和防护条例》释义 …… 24
第一章　总则 …… 24
第二章　许可和备案 …… 31
第三章　安全和防护 …… 47
第四章　辐射事故应急处理 …… 58
第五章　监督检查 …… 65
第六章　法律责任 …… 69
第七章　附则 …… 91
《放射性同位素与射线装置安全和防护条例》编制说明 …… 96
建设项目环境保护管理条例 …… 102

第一章　总则 …… 102
第二章　环境影响评价 …… 102
第三章　环境保护设施建设 …… 105
第四章　法律责任 …… 106
第五章　附则 …… 107
放射性物品运输安全管理条例 …… 108
第一章　总则 …… 108
第二章　放射性物品运输容器的设计 …… 109
第三章　放射性物品运输容器的制造与使用 …… 110
第四章　放射性物品的运输 …… 112
第五章　监督检查 …… 115
第六章　法律责任 …… 116
第七章　附则 …… 120
放射性废物安全管理条例 …… 121
第一章　总则 …… 121
第二章　放射性废物的处理和贮存 …… 122
第三章　放射性废物的处置 …… 124
第四章　监督管理 …… 126
第五章　法律责任 …… 127
第六章　附 则 …… 130
建设项目竣工环境保护验收管理办法 …… 131
放射性同位素与射线装置安全许可管理办法 …… 136
第一章　总则 …… 136
第二章　许可证的申请与颁发 …… 137
第三章　进出口、转让、转移活动的审批与备案 …… 142
第四章　监督管理 …… 144
第五章　罚则 …… 145
第六章　附则 …… 146
放射性同位素与射线装置安全和防护管理办法 …… 147
第一章　总则 …… 147
第二章　场所安全和防护 …… 148
第三章　人员安全和防护 …… 150
第四章　废旧放射源与被放射性污染的物品管理 …… 152
第五章　监督检查 …… 154

第六章　应急报告与处理 …… 155
第七章　豁免管理 …… 156
第八章　法律责任 …… 157
第九章　附则 …… 158
放射性物品运输安全许可管理办法 …… 159
第一章　总则 …… 159
第二章　运输容器设计的批准与备案 …… 159
第三章　运输容器制造的许可与备案 …… 162
第四章　放射性物品运输批准与备案 …… 165
第五章　附则 …… 168
放射源分类办法 …… 171
射线装置分类办法 …… 176
放射源编码规则 …… 178
关于建立放射性同位素与射线装置辐射事故分级处理和报告制度的通知 …… 185
关于加强放射性药品辐射安全管理的通知 …… 189
关于开展环境保护部辐射安全许可证延续和换发工作的函 …… 190
关于开展对安保用X射线装置专项检查活动的通知 …… 193
关于加强废旧金属回收熔炼企业辐射安全监管的通知 …… 194
关于加强放射性物品运输监督检查的通知 …… 196

中华人民共和国主席令

第 6 号

《中华人民共和国放射性污染防治法》已由中华人民共和国第十届全国人民代表大会常务委员会第三次会议于 2003 年 6 月 28 日通过，现予公布，自 2003 年 10 月 1 日起施行。

中华人民共和国主席　胡锦涛

2003 年 6 月 28 日

中华人民共和国放射性污染防治法

（2003 年 6 月 28 日第十届全国人民代表大会常务委员会第三次会议通过）

第一章　总　　则

第一条　为了防治放射性污染，保护环境，保障人体健康，促进核能、核技术的开发与和平利用，制定本法。

第二条　本法适用于中华人民共和国领域和管辖的其他海域在核设施选址、建造、运行、退役和核技术、铀（钍）矿、伴生放射性矿开发利用过程中发生的放射性污染的防治活动。

第三条　国家对放射性污染的防治，实行预防为主、防治结合、严格管理、安全第一的方针。

第四条　国家鼓励、支持放射性污染防治的科学研究和技术开发利用，推广先进的放射性污染防治技术。

国家支持开展放射性污染防治的国际交流与合作。

第五条　县级以上人民政府应当将放射性污染防治工作纳入环境保护

规划。

县级以上人民政府应当组织开展有针对性的放射性污染防治宣传教育，使公众了解放射性污染防治的有关情况和科学知识。

第六条 任何单位和个人有权对造成放射性污染的行为提出检举和控告。

第七条 在放射性污染防治工作中作出显著成绩的单位和个人，由县级以上人民政府给予奖励。

第八条 国务院环境保护行政主管部门对全国放射性污染防治工作依法实施统一监督管理。

国务院卫生行政部门和其他有关部门依据国务院规定的职责，对有关的放射性污染防治工作依法实施监督管理。

第二章 放射性污染防治的监督管理

第九条 国家放射性污染防治标准由国务院环境保护行政主管部门根据环境安全要求、国家经济技术条件制定。国家放射性污染防治标准由国务院环境保护行政主管部门和国务院标准化行政主管部门联合发布。

第十条 国家建立放射性污染监测制度。国务院环境保护行政主管部门会同国务院其他有关部门组织环境监测网络，对放射性污染实施监测管理。

第十一条 国务院环境保护行政主管部门和国务院其他有关部门，按照职责分工，各负其责，互通信息，密切配合，对核设施、铀（钍）矿开发利用中的放射性污染防治进行监督检查。

县级以上地方人民政府环境保护行政主管部门和同级其他有关部门，按照职责分工，各负其责，互通信息，密切配合，对本行政区域内核技术利用、伴生放射性矿开发利用中的放射性污染防治进行监督检查。

监督检查人员进行现场检查时，应当出示证件。被检查的单位必须如实反映情况，提供必要的资料。监督检查人员应当为被检查单位保守技术秘密和业务秘密。对涉及国家秘密的单位和部位进行检查时，应当遵守国家有关保守国家秘密的规定，依法办理有关审批手续。

第十二条 核设施营运单位、核技术利用单位、铀（钍）矿和伴生放射性矿开发利用单位，负责本单位放射性污染的防治，接受环境保护行政主管部门和其他有关部门的监督管理，并依法对其造成的放射性污染承担责任。

第十三条 核设施营运单位、核技术利用单位、铀（钍）矿和伴生放射性矿开发利用单位，必须采取安全与防护措施，预防发生可能导致放射性污染的各类事故，避免放射性污染危害。

核设施营运单位、核技术利用单位、铀（钍）矿和伴生放射性矿开发利用单位，应当对其工作人员进行放射性安全教育、培训，采取有效的防护安全措施。

第十四条 国家对从事放射性污染防治的专业人员实行资格管理制度；对从事放射性污染监测工作的机构实行资质管理制度。

第十五条 运输放射性物质和含放射源的射线装置，应当采取有效措施，防止放射性污染。具体办法由国务院规定。

第十六条 放射性物质和射线装置应当设置明显的放射性标志和中文警示说明。生产、销售、使用、贮存、处置放射性物质和射线装置的场所，以及运输放射性物质和含放射源的射线装置的工具，应当设置明显的放射性标志。

第十七条 含有放射性物质的产品，应当符合国家放射性污染防治标准；不符合国家放射性污染防治标准的，不得出厂和销售。

使用伴生放射性矿渣和含有天然放射性物质的石材做建筑和装修材料，应当符合国家建筑材料放射性核素控制标准。

第三章 核设施的放射性污染防治

第十八条 核设施选址，应当进行科学论证，并按照国家有关规定办理审批手续。在办理核设施选址审批手续前，应当编制环境影响报告书，报国务院环境保护行政主管部门审查批准；未经批准，有关部门不得办理核设施选址批准文件。

第十九条 核设施营运单位在进行核设施建造、装料、运行、退役等活动前，必须按照国务院有关核设施安全监督管理的规定，申请领取核设施建造、运行许可证和办理装料、退役等审批手续。

核设施营运单位领取有关许可证或者批准文件后，方可进行相应的建造、装料、运行、退役等活动。

第二十条 核设施营运单位应当在申请领取核设施建造、运行许可证和办理退役审批手续前编制环境影响报告书，报国务院环境保护行政主管部门审查批准；未经批准，有关部门不得颁发许可证和办理批准文件。

第二十一条 与核设施相配套的放射性污染防治设施，应当与主体工程同时设计、同时施工、同时投入使用。

放射性污染防治设施应当与主体工程同时验收；验收合格的，主体工程方可投入生产或者使用。

第二十二条 进口核设施，应当符合国家放射性污染防治标准；没有相应的国家放射性污染防治标准的，采用国务院环境保护行政主管部门指定的国外有关标准。

第二十三条 核动力厂等重要核设施外围地区应当划定规划限制区。规划限制区的划定和管理办法，由国务院规定。

第二十四条 核设施营运单位应当对核设施周围环境中所含的放射性核素的种类、浓度以及核设施流出物中的放射性核素总量实施监测，并定期向国务院环境保护行政主管部门和所在地省、自治区、直辖市人民政府环境保护行政主管部门报告监测结果。

国务院环境保护行政主管部门负责对核动力厂等重要核设施实施监督性监测，并根据需要对其他核设施的流出物实施监测。监督性监测系统的建设、运行和维护费用由财政预算安排。

第二十五条 核设施营运单位应当建立健全安全保卫制度，加强安全保卫工作，并接受公安部门的监督指导。

核设施营运单位应当按照核设施的规模和性质制定核事故场内应急计划，做好应急准备。

出现核事故应急状态时，核设施营运单位必须立即采取有效的应急措施控制事故，并向核设施主管部门和环境保护行政主管部门、卫生行政部门、公安部门以及其他有关部门报告。

第二十六条 国家建立健全核事故应急制度。

核设施主管部门、环境保护行政主管部门、卫生行政部门、公安部门以及其他有关部门，在本级人民政府的组织领导下，按照各自的职责依法做好核事故应急工作。

中国人民解放军和中国人民武装警察部队按照国务院、中央军事委员会的有关规定在核事故应急中实施有效的支援。

第二十七条 核设施营运单位应当制定核设施退役计划。

核设施的退役费用和放射性废物处置费用应当预提，列入投资概算或者生产成本。核设施的退役费用和放射性废物处置费用的提取和管理办法，由国务院财政部门、价格主管部门会同国务院环境保护行政主管部门、核设施主管部门规定。

第四章 核技术利用的放射性污染防治

第二十八条 生产、销售、使用放射性同位素和射线装置的单位，应当按照国务院有关放射性同位素与射线装置放射防护的规定申请领取许可证，办理登记手续。

转让、进口放射性同位素和射线装置的单位以及装备有放射性同位素的仪表的单位，应当按照国务院有关放射性同位素与射线装置放射防护的规定办理有关手续。

第二十九条 生产、销售、使用放射性同位素和加速器、中子发生器以及含放射源的射线装置的单位，应当在申请领取许可证前编制环境影响评价文件，报省、自治区、直辖市人民政府环境保护行政主管部门审查批准；未经批准，有关部门不得颁发许可证。

国家建立放射性同位素备案制度。具体办法由国务院规定。

第三十条 新建、改建、扩建放射工作场所的放射防护设施，应当与主体工程同时设计、同时施工、同时投入使用。

放射防护设施应当与主体工程同时验收；验收合格的，主体工程方可投入生产或者使用。

第三十一条 放射性同位素应当单独存放，不得与易燃、易爆、腐蚀性物品等一起存放，其贮存场所应当采取有效的防火、防盗、防射线泄漏的安全防护措施，并指定专人负责保管。贮存、领取、使用、归还放射性同位素时，应当进行登记、检查，做到账物相符。

第三十二条 生产、使用放射性同位素和射线装置的单位，应当按照国务院环境保护行政主管部门的规定对其产生的放射性废物进行收集、包装、贮存。

生产放射源的单位，应当按照国务院环境保护行政主管部门的规定回收和利用废旧放射源；使用放射源的单位，应当按照国务院环境保护行政主管部门的规定将废旧放射源交回生产放射源的单位或者送交专门从事放射性固体废物贮存、处置的单位。

第三十三条 生产、销售、使用、贮存放射源的单位，应当建立健全安全保卫制度，指定专人负责，落实安全责任制，制定必要的事故应急措施。发生放射源丢失、被盗和放射性污染事故时，有关单位和个人必须立即采取应急措施，并向公安部门、卫生行政部门和环境保护行政主管部门报告。

公安部门、卫生行政部门和环境保护行政主管部门接到放射源丢失、被盗和放射性污染事故报告后，应当报告本级人民政府，并按照各自的职责立即组织采取有效措施，防止放射性污染蔓延，减少事故损失。当地人民政府应当及时将有关情况告知公众，并做好事故的调查、处理工作。

第五章　铀（钍）矿和伴生放射性矿开发利用的放射性污染防治

第三十四条　开发利用或者关闭铀（钍）矿的单位，应当在申请领取采矿许可证或者办理退役审批手续前编制环境影响报告书，报国务院环境保护行政主管部门审查批准。

开发利用伴生放射性矿的单位，应当在申请领取采矿许可证前编制环境影响报告书，报省级以上人民政府环境保护行政主管部门审查批准。

第三十五条　与铀（钍）矿和伴生放射性矿开发利用建设项目相配套的放射性污染防治设施，应当与主体工程同时设计、同时施工、同时投入使用。

放射性污染防治设施应当与主体工程同时验收；验收合格的，主体工程方可投入生产或者使用。

第三十六条　铀（钍）矿开发利用单位应当对铀（钍）矿的流出物和周围的环境实施监测，并定期向国务院环境保护行政主管部门和所在地省、自治区、直辖市人民政府环境保护行政主管部门报告监测结果。

第三十七条　对铀（钍）矿和伴生放射性矿开发利用过程中产生的尾矿，应当建造尾矿库进行贮存、处置；建造的尾矿库应当符合放射性污染防治的要求。

第三十八条　铀（钍）矿开发利用单位应当制定铀（钍）矿退役计划。铀矿退役费用由国家财政预算安排。

第六章　放射性废物管理

第三十九条　核设施营运单位、核技术利用单位、铀（钍）矿和伴生放射性矿开发利用单位，应当合理选择和利用原材料，采用先进的生产工艺和设备，尽量减少放射性废物的产生量。

第四十条　向环境排放放射性废气、废液，必须符合国家放射性污染防治标准。

第四十一条　产生放射性废气、废液的单位向环境排放符合国家放射性污染防治标准的放射性废气、废液，应当向审批环境影响评价文件的环境保护行政主管部门申请放射性核素排放量，并定期报告排放计量结果。

第四十二条　产生放射性废液的单位，必须按照国家放射性污染防治标准的要求，对不得向环境排放的放射性废液进行处理或者贮存。

产生放射性废液的单位，向环境排放符合国家放射性污染防治标准的放射性废液，必须采用符合国务院环境保护行政主管部门规定的排放方式。

禁止利用渗井、渗坑、天然裂隙、溶洞或者国家禁止的其他方式排放放射性废液。

第四十三条 低、中水平放射性固体废物在符合国家规定的区域实行近地表处置。

高水平放射性固体废物实行集中的深地质处置。

α 放射性固体废物依照前款规定处置。

禁止在内河水域和海洋上处置放射性固体废物。

第四十四条 国务院核设施主管部门会同国务院环境保护行政主管部门根据地质条件和放射性固体废物处置的需要，在环境影响评价的基础上编制放射性固体废物处置场所选址规划，报国务院批准后实施。

有关地方人民政府应当根据放射性固体废物处置场所选址规划，提供放射性固体废物处置场所的建设用地，并采取有效措施支持放射性固体废物的处置。

第四十五条 产生放射性固体废物的单位，应当按照国务院环境保护行政主管部门的规定，对其产生的放射性固体废物进行处理后，送交放射性固体废物处置单位处置，并承担处置费用。

放射性固体废物处置费用收取和使用管理办法，由国务院财政部门、价格主管部门会同国务院环境保护行政主管部门规定。

第四十六条 设立专门从事放射性固体废物贮存、处置的单位，必须经国务院环境保护行政主管部门审查批准，取得许可证。具体办法由国务院规定。

禁止未经许可或者不按照许可的有关规定从事贮存和处置放射性固体废物的活动。

禁止将放射性固体废物提供或者委托给无许可证的单位贮存和处置。

第四十七条 禁止将放射性废物和被放射性污染的物品输入中华人民共和国境内或者经中华人民共和国境内转移。

第七章 法律责任

第四十八条 放射性污染防治监督管理人员违反法律规定，利用职务上的便利收受他人财物、谋取其他利益，或者玩忽职守，有下列行为之一的，依法给予行政处分；构成犯罪的，依法追究刑事责任：

（一）对不符合法定条件的单位颁发许可证和办理批准文件的；

（二）不依法履行监督管理职责的；

（三）发现违法行为不予查处的。

第四十九条 违反本法规定，有下列行为之一的，由县级以上人民政府环境保护行政主管部门或者其他有关部门依据职权责令限期改正，可以处二万元以下罚款：

（一）不按照规定报告有关环境监测结果的；

（二）拒绝环境保护行政主管部门和其他有关部门进行现场检查，或者被检查时不如实反映情况和提供必要资料的。

第五十条 违反本法规定，未编制环境影响评价文件，或者环境影响评价文件未经环境保护行政主管部门批准，擅自进行建造、运行、生产和使用等活动的，由审批环境影响评价文件的环境保护行政主管部门责令停止违法行为，限期补办手续或者恢复原状，并处一万元以上二十万元以下罚款。

第五十一条 违反本法规定，未建造放射性污染防治设施、放射防护设施，或者防治防护设施未经验收合格，主体工程即投入生产或者使用的，由审批环境影响评价文件的环境保护行政主管部门责令停止违法行为，限期改正，并处五万元以上二十万元以下罚款。

第五十二条 违反本法规定，未经许可或者批准，核设施营运单位擅自进行核设施的建造、装料、运行、退役等活动的，由国务院环境保护行政主管部门责令停止违法行为，限期改正，并处二十万元以上五十万元以下罚款；构成犯罪的，依法追究刑事责任。

第五十三条 违反本法规定，生产、销售、使用、转让、进口、贮存放射性同位素和射线装置以及装备有放射性同位素的仪表的，由县级以上人民政府环境保护行政主管部门或者其他有关部门依据职权责令停止违法行为，限期改正；逾期不改正的，责令停产停业或者吊销许可证；有违法所得的，没收违法所得；违法所得十万元以上的，并处违法所得一倍以上五倍以下罚款；没有违法所得或者违法所得不足十万元的，并处一万元以上十万元以下罚款；构成犯罪的，依法追究刑事责任。

第五十四条 违反本法规定，有下列行为之一的，由县级以上人民政府环境保护行政主管部门责令停止违法行为，限期改正，处以罚款；构成犯罪的，依法追究刑事责任：

（一）未建造尾矿库或者不按照放射性污染防治的要求建造尾矿库，贮存、处置铀（钍）矿和伴生放射性矿的尾矿的；

（二）向环境排放不得排放的放射性废气、废液的；

（三）不按照规定的方式排放放射性废液，利用渗井、渗坑、天然裂隙、溶洞或者国家禁止的其他方式排放放射性废液的；

（四）不按照规定处理或者贮存不得向环境排放的放射性废液的；

（五）将放射性固体废物提供或者委托给无许可证的单位贮存和处置的。

有前款第（一）项、第（二）项、第（三）项、第（五）项行为之一的，处十万元以上二十万元以下罚款；有前款第（四）项行为的，处一万元以上十万元以下罚款。

第五十五条 违反本法规定，有下列行为之一的，由县级以上人民政府环境保护行政主管部门或者其他有关部门依据职权责令限期改正；逾期不改正的，责令停产停业，并处二万元以上十万元以下罚款；构成犯罪的，依法追究刑事责任：

（一）不按照规定设置放射性标识、标志、中文警示说明的；

（二）不按照规定建立健全安全保卫制度和制定事故应急计划或者应急措施的；

（三）不按照规定报告放射源丢失、被盗情况或者放射性污染事故的。

第五十六条 产生放射性固体废物的单位，不按照本法第四十五条的规定对其产生的放射性固体废物进行处置的，由审批该单位立项环境影响评价文件的环境保护行政主管部门责令停止违法行为，限期改正；逾期不改正的，指定有处置能力的单位代为处置，所需费用由产生放射性固体废物的单位承担，可以并处二十万元以下罚款；构成犯罪的，依法追究刑事责任。

第五十七条 违反本法规定，有下列行为之一的，由省级以上人民政府环境保护行政主管部门责令停产停业或者吊销许可证；有违法所得的，没收违法所得；违法所得十万元以上的，并处违法所得一倍以上五倍以下罚款；没有违法所得或者违法所得不足十万元的，并处五万元以上十万元以下罚款；构成犯罪的，依法追究刑事责任：

（一）未经许可，擅自从事贮存和处置放射性固体废物活动的；

（二）不按照许可的有关规定从事贮存和处置放射性固体废物活动的。

第五十八条 向中华人民共和国境内输入放射性废物和被放射性污染的物品，或者经中华人民共和国境内转移放射性废物和被放射性污染的物品的，由海关责令退运该放射性废物和被放射性污染的物品，并处五十万元以上一百万元以下罚款；构成犯罪的，依法追究刑事责任。

第五十九条 因放射性污染造成他人损害的，应当依法承担民事责任。

第八章 附 则

第六十条 军用设施、装备的放射性污染防治，由国务院和军队的有关主管部门依照本法规定的原则和国务院、中央军事委员会规定的职责实施监督管理。

第六十一条 劳动者在职业活动中接触放射性物质造成的职业病的防治，依照《中华人民共和国职业病防治法》的规定执行。

第六十二条 本法中下列用语的含义：

（一）放射性污染，是指由于人类活动造成物料、人体、场所、环境介质表面或者内部出现超过国家标准的放射性物质或者射线。

（二）核设施，是指核动力厂（核电厂、核热电厂、核供汽供热厂等）和其他反应堆（研究堆、实验堆、临界装置等）；核燃料生产、加工、贮存和后处理设施；放射性废物的处理和处置设施等。

（三）核技术利用，是指密封放射源、非密封放射源和射线装置在医疗、工业、农业、地质调查、科学研究和教学等领域中的使用。

（四）放射性同位素，是指某种发生放射性衰变的元素中具有相同原子序数但质量不同的核素。

（五）放射源，是指除研究堆和动力堆核燃料循环范畴的材料以外，永久密封在容器中或者有严密包层并呈固态的放射性材料。

（六）射线装置，是指 X 线机、加速器、中子发生器以及含放射源的装置。

（七）伴生放射性矿，是指含有较高水平天然放射性核素浓度的非铀矿（如稀土矿和磷酸盐矿等）。

（八）放射性废物，是指含有放射性核素或者被放射性核素污染，其浓度或者比活度大于国家确定的清洁解控水平，预期不再使用的废弃物。

第六十三条 本法自 2003 年 10 月 1 日起施行。

中华人民共和国国务院令

第 449 号

《放射性同位素与射线装置安全和防护条例》已经 2005 年 8 月 31 日国务院第 104 次常务会议通过，现予公布，自 2005 年 12 月 1 日起施行。

总理　温家宝

二〇〇五年九月十四

放射性同位素与射线装置安全和防护条例

第一章　总　　则

第一条　为了加强对放射性同位素、射线装置安全和防护的监督管理，促进放射性同位素、射线装置的安全应用，保障人体健康，保护环境，制定本条例。

第二条　在中华人民共和国境内生产、销售、使用放射性同位素和射线装置，以及转让、进出口放射性同位素的，应当遵守本条例。

本条例所称放射性同位素包括放射源和非密封放射性物质。

第三条　国务院环境保护主管部门对全国放射性同位素、射线装置的安全和防护工作实施统一监督管理。

国务院公安、卫生等部门按照职责分工和本条例的规定，对有关放射性同位素、射线装置的安全和防护工作实施监督管理。

县级以上地方人民政府环境保护主管部门和其他有关部门，按照职责分工和本条例的规定，对本行政区域内放射性同位素、射线装置的安全和防护工作实施监督管理。

第四条　国家对放射源和射线装置实行分类管理。根据放射源、射线装置对人体健康和环境的潜在危害程度，从高到低将放射源分为Ⅰ类、Ⅱ类、Ⅲ

类、Ⅳ类、Ⅴ类，具体分类办法由国务院环境保护主管部门制定；将射线装置分为Ⅰ类、Ⅱ类、Ⅲ类，具体分类办法由国务院环境保护主管部门商国务院卫生主管部门制定。

第二章　许可和备案

第五条　生产、销售、使用放射性同位素和射线装置的单位，应当依照本章规定取得许可证。

第六条　生产放射性同位素、销售和使用Ⅰ类放射源、销售和使用Ⅰ类射线装置的单位的许可证，由国务院环境保护主管部门审批颁发。

前款规定之外的单位的许可证，由省、自治区、直辖市人民政府环境保护主管部门审批颁发。

国务院环境保护主管部门向生产放射性同位素的单位颁发许可证前，应当将申请材料印送其行业主管部门征求意见。

环境保护主管部门应当将审批颁发许可证的情况通报同级公安部门、卫生主管部门。

第七条　生产、销售、使用放射性同位素和射线装置的单位申请领取许可证，应当具备下列条件：

（一）有与所从事的生产、销售、使用活动规模相适应的，具备相应专业知识和防护知识及健康条件的专业技术人员；

（二）有符合国家环境保护标准、职业卫生标准和安全防护要求的场所、设施和设备；

（三）有专门的安全和防护管理机构或者专职、兼职安全和防护管理人员，并配备必要的防护用品和监测仪器；

（四）有健全的安全和防护管理规章制度、辐射事故应急措施；

（五）产生放射性废气、废液、固体废物的，具有确保放射性废气、废液、固体废物达标排放的处理能力或者可行的处理方案。

第八条　生产、销售、使用放射性同位素和射线装置的单位，应当事先向有审批权的环境保护主管部门提出许可申请，并提交符合本条例第七条规定条件的证明材料。

使用放射性同位素和射线装置进行放射诊疗的医疗卫生机构，还应当获得放射源诊疗技术和医用辐射机构许可。

第九条　环境保护主管部门应当自受理申请之日起20个工作日内完成审查，符合条件的，颁发许可证，并予以公告；不符合条件的，书面通知申请单位并说明理由。

第十条 许可证包括下列主要内容：

（一）单位的名称、地址、法定代表人；

（二）所从事活动的种类和范围；

（三）有效期限；

（四）发证日期和证书编号。

第十一条 持证单位变更单位名称、地址、法定代表人的，应当自变更登记之日起20日内，向原发证机关申请办理许可证变更手续。

第十二条 有下列情形之一的，持证单位应当按照原申请程序，重新申请领取许可证：

（一）改变所从事活动的种类或者范围的；

（二）新建或者改建、扩建生产、销售、使用设施或者场所的。

第十三条 许可证有效期为5年。有效期届满，需要延续的，持证单位应当于许可证有效期届满30日前，向原发证机关提出延续申请。原发证机关应当自受理延续申请之日起，在许可证有效期届满前完成审查，符合条件的，予以延续；不符合条件的，书面通知申请单位并说明理由。

第十四条 持证单位部分终止或者全部终止生产、销售、使用放射性同位素和射线装置活动的，应当向原发证机关提出部分变更或者注销许可证申请，由原发证机关核查合格后，予以变更或者注销许可证。

第十五条 禁止无许可证或者不按照许可证规定的种类和范围从事放射性同位素和射线装置的生产、销售、使用活动。

禁止伪造、变造、转让许可证。

第十六条 国务院对外贸易主管部门会同国务院环境保护主管部门、海关总署、国务院质量监督检验检疫部门和生产放射性同位素的单位的行业主管部门制定并公布限制进出口放射性同位素目录和禁止进出口放射性同位素目录。

进口列入限制进出口目录的放射性同位素，应当在国务院环境保护主管部门审查批准后，由国务院对外贸易主管部门依据国家对外贸易的有关规定签发进口许可证。进口限制进出口目录和禁止进出口目录之外的放射性同位素，依据国家对外贸易的有关规定办理进口手续。

第十七条 申请进口列入限制进出口目录的放射性同位素，应当符合下列要求：

（一）进口单位已经取得与所从事活动相符的许可证；

（二）进口单位具有进口放射性同位素使用期满后的处理方案，其中，进口Ⅰ类、Ⅱ类、Ⅲ类放射源的，应当具有原出口方负责回收的承诺文件；

（三）进口的放射源应当有明确标号和必要说明文件，其中，Ⅰ类、Ⅱ类、Ⅲ类放射源的标号应当刻制在放射源本体或者密封包壳体上，Ⅳ类、Ⅴ类放射源的标号应当记录在相应说明文件中；

（四）将进口的放射性同位素销售给其他单位使用的，还应当具有与使用单位签订的书面协议以及使用单位取得的许可证复印件。

第十八条 进口列入限制进出口目录的放射性同位素的单位，应当向国务院环境保护主管部门提出进口申请，并提交符合本条例第十七条规定要求的证明材料。

国务院环境保护主管部门应当自受理申请之日起10个工作日内完成审查，符合条件的，予以批准；不符合条件的，书面通知申请单位并说明理由。

海关验凭放射性同位素进口许可证办理有关进口手续。进口放射性同位素的包装材料依法需要实施检疫的，依照国家有关检疫法律、法规的规定执行。

对进口的放射源，国务院环境保护主管部门还应当同时确定与其标号相对应的放射源编码。

第十九条 申请转让放射性同位素，应当符合下列要求：

（一）转出、转入单位持有与所从事活动相符的许可证；

（二）转入单位具有放射性同位素使用期满后的处理方案；

（三）转让双方已经签订书面转让协议。

第二十条 转让放射性同位素，由转入单位向其所在地省、自治区、直辖市人民政府环境保护主管部门提出申请，并提交符合本条例第十九条规定要求的证明材料。

省、自治区、直辖市人民政府环境保护主管部门应当自受理申请之日起15个工作日内完成审查，符合条件的，予以批准；不符合条件的，书面通知申请单位并说明理由。

第二十一条 放射性同位素的转出、转入单位应当在转让活动完成之日起20日内，分别向其所在地省、自治区、直辖市人民政府环境保护主管部门备案。

第二十二条 生产放射性同位素的单位，应当建立放射性同位素产品台账，并按照国务院环境保护主管部门制定的编码规则，对生产的放射源统一编码。放射性同位素产品台账和放射源编码清单应当报国务院环境保护主管部门备案。

生产的放射源应当有明确标号和必要说明文件。其中，Ⅰ类、Ⅱ类、Ⅲ类放射源的标号应当刻制在放射源本体或者密封包壳体上，Ⅳ类、Ⅴ类放射源的标号应当记录在相应说明文件中。

国务院环境保护主管部门负责建立放射性同位素备案信息管理系统，与有关部门实行信息共享。

未列入产品台账的放射性同位素和未编码的放射源，不得出厂和销售。

第二十三条 持有放射源的单位将废旧放射源交回生产单位、返回原出口方或者送交放射性废物集中贮存单位贮存的，应当在该活动完成之日起20日内向其所在地省、自治区、直辖市人民政府环境保护主管部门备案。

第二十四条 本条例施行前生产和进口的放射性同位素，由放射性同位素持有单位在本条例施行之日起6个月内，到其所在地省、自治区、直辖市人民政府环境保护主管部门办理备案手续，省、自治区、直辖市人民政府环境保护主管部门应当对放射源进行统一编码。

第二十五条 使用放射性同位素的单位需要将放射性同位素转移到外省、自治区、直辖市使用的，应当持许可证复印件向使用地省、自治区、直辖市人民政府环境保护主管部门备案，并接受当地环境保护主管部门的监督管理。

第二十六条 出口列入限制进出口目录的放射性同位素，应当提供进口方可以合法持有放射性同位素的证明材料，并由国务院环境保护主管部门依照有关法律和我国缔结或者参加的国际条约、协定的规定，办理有关手续。

出口放射性同位素应当遵守国家对外贸易的有关规定。

第三章　安全和防护

第二十七条 生产、销售、使用放射性同位素和射线装置的单位，应当对本单位的放射性同位素、射线装置的安全和防护工作负责，并依法对其造成的放射性危害承担责任。

生产放射性同位素的单位的行业主管部门，应当加强对生产单位安全和防护工作的管理，并定期对其执行法律、法规和国家标准的情况进行监督检查。

第二十八条 生产、销售、使用放射性同位素和射线装置的单位，应当对直接从事生产、销售、使用活动的工作人员进行安全和防护知识教育培训，并进行考核；考核不合格的，不得上岗。

辐射安全关键岗位应当由注册核安全工程师担任。辐射安全关键岗位名录由国务院环境保护主管部门商国务院有关部门制定并公布。

第二十九条 生产、销售、使用放射性同位素和射线装置的单位，应当严格按照国家关于个人剂量监测和健康管理的规定，对直接从事生产、销售、使用活动的工作人员进行个人剂量监测和职业健康检查，建立个人剂量档案和职业健康监护档案。

第三十条 生产、销售、使用放射性同位素和射线装置的单位，应当对本单位的放射性同位素、射线装置的安全和防护状况进行年度评估。发现安全隐患的，应当立即进行整改。

第三十一条 生产、销售、使用放射性同位素和射线装置的单位需要终止的，应当事先对本单位的放射性同位素和放射性废物进行清理登记，作出妥善处理，不得留有安全隐患。生产、销售、使用放射性同位素和射线装置的单位发生变更的，由变更后的单位承担处理责任。变更前当事人对此另有约定的，从其约定；但是，约定中不得免除当事人的处理义务。

在本条例施行前已经终止的生产、销售、使用放射性同位素和射线装置的单位，其未安全处理的废旧放射源和放射性废物，由所在地省、自治区、直辖市人民政府环境保护主管部门提出处理方案，及时进行处理。所需经费由省级以上人民政府承担。

第三十二条 生产、进口放射源的单位销售Ⅰ类、Ⅱ类、Ⅲ类放射源给其他单位使用的，应当与使用放射源的单位签订废旧放射源返回协议；使用放射源的单位应当按照废旧放射源返回协议规定将废旧放射源交回生产单位或者返回原出口方。确实无法交回生产单位或者返回原出口方的，送交有相应资质的放射性废物集中贮存单位贮存。

使用放射源的单位应当按照国务院环境保护主管部门的规定，将Ⅳ类、Ⅴ类废旧放射源进行包装整备后送交有相应资质的放射性废物集中贮存单位贮存。

第三十三条 使用Ⅰ类、Ⅱ类、Ⅲ类放射源的场所和生产放射性同位素的场所，以及终结运行后产生放射性污染的射线装置，应当依法实施退役。

第三十四条 生产、销售、使用、贮存放射性同位素和射线装置的场所，应当按照国家有关规定设置明显的放射性标志，其入口处应当按照国家有关安全和防护标准的要求，设置安全和防护设施以及必要的防护安全联锁、报警装置或者工作信号。射线装置的生产调试和使用场所，应当具有防止误操作、防止工作人员和公众受到意外照射的安全措施。

放射性同位素的包装容器、含放射性同位素的设备和射线装置，应当设置明显的放射性标志和中文警示说明；放射源上能够设置放射性标志的，应当一并设置。运输放射性同位素和含放射源的射线装置的工具，应当按照国家有关规定设置明显的放射性标志或者显示危险信号。

第三十五条 放射性同位素应当单独存放，不得与易燃、易爆、腐蚀性物品等一起存放，并指定专人负责保管。贮存、领取、使用、归还放射性同位素时，应当进行登记、检查，做到账物相符。对放射性同位素贮存场所应当采取防火、防水、防盗、防丢失、防破坏、防射线泄漏的安全措施。

对放射源还应当根据其潜在危害的大小，建立相应的多层防护和安全措施，并对可移动的放射源定期进行盘存，确保其处于指定位置，具有可靠的安全保障。

第三十六条　在室外、野外使用放射性同位素和射线装置的，应当按照国家安全和防护标准的要求划出安全防护区域，设置明显的放射性标志，必要时设专人警戒。

在野外进行放射性同位素示踪试验的，应当经省级以上人民政府环境保护主管部门商同级有关部门批准方可进行。

第三十七条　辐射防护器材、含放射性同位素的设备和射线装置，以及含有放射性物质的产品和伴有产生 X 射线的电器产品，应当符合辐射防护要求。不合格的产品不得出厂和销售。

第三十八条　使用放射性同位素和射线装置进行放射诊疗的医疗卫生机构，应当依据国务院卫生主管部门有关规定和国家标准，制定与本单位从事的诊疗项目相适应的质量保证方案，遵守质量保证监测规范，按照医疗照射正当化和辐射防护最优化的原则，避免一切不必要的照射，并事先告知患者和受检者辐射对健康的潜在影响。

第三十九条　金属冶炼厂回收冶炼废旧金属时，应当采取必要的监测措施，防止放射性物质熔入产品中。监测中发现问题的，应当及时通知所在地设区的市级以上人民政府环境保护主管部门。

第四章　辐射事故应急处理

第四十条　根据辐射事故的性质、严重程度、可控性和影响范围等因素，从重到轻将辐射事故分为特别重大辐射事故、重大辐射事故、较大辐射事故和一般辐射事故四个等级。

特别重大辐射事故，是指Ⅰ类、Ⅱ类放射源丢失、被盗、失控造成大范围严重辐射污染后果，或者放射性同位素和射线装置失控导致 3 人以上（含 3 人）急性死亡。

重大辐射事故，是指Ⅰ类、Ⅱ类放射源丢失、被盗、失控，或者放射性同位素和射线装置失控导致 2 人以下（含 2 人）急性死亡或者 10 人以上（含 10 人）急性重度放射病、局部器官残疾。

较大辐射事故，是指Ⅲ类放射源丢失、被盗、失控，或者放射性同位素和射线装置失控导致 9 人以下（含 9 人）急性重度放射病、局部器官残疾。

一般辐射事故，是指Ⅳ类、Ⅴ类放射源丢失、被盗、失控，或者放射性同位素和射线装置失控导致人员受到超过年剂量限值的照射。

第四十一条 县级以上人民政府环境保护主管部门应当会同同级公安、卫生、财政等部门编制辐射事故应急预案，报本级人民政府批准。辐射事故应急预案应当包括下列内容：

（一）应急机构和职责分工；

（二）应急人员的组织、培训以及应急和救助的装备、资金、物资准备；

（三）辐射事故分级与应急响应措施；

（四）辐射事故调查、报告和处理程序。

生产、销售、使用放射性同位素和射线装置的单位，应当根据可能发生的辐射事故的风险，制定本单位的应急方案，做好应急准备。

第四十二条 发生辐射事故时，生产、销售、使用放射性同位素和射线装置的单位应当立即启动本单位的应急方案，采取应急措施，并立即向当地环境保护主管部门、公安部门、卫生主管部门报告。

环境保护主管部门、公安部门、卫生主管部门接到辐射事故报告后，应当立即派人赶赴现场，进行现场调查，采取有效措施，控制并消除事故影响，同时将辐射事故信息报告本级人民政府和上级人民政府环境保护主管部门、公安部门、卫生主管部门。

县级以上地方人民政府及其有关部门接到辐射事故报告后，应当按照事故分级报告的规定及时将辐射事故信息报告上级人民政府及其有关部门。发生特别重大辐射事故和重大辐射事故后，事故发生地省、自治区、直辖市人民政府和国务院有关部门应当在4小时内报告国务院；特殊情况下，事故发生地人民政府及其有关部门可以直接向国务院报告，并同时报告上级人民政府及其有关部门。

禁止缓报、瞒报、谎报或者漏报辐射事故。

第四十三条 在发生辐射事故或者有证据证明辐射事故可能发生时，县级以上人民政府环境保护主管部门有权采取下列临时控制措施：

（一）责令停止导致或者可能导致辐射事故的作业；

（二）组织控制事故现场。

第四十四条 辐射事故发生后，有关县级以上人民政府应当按照辐射事故的等级，启动并组织实施相应的应急预案。

县级以上人民政府环境保护主管部门、公安部门、卫生主管部门，按照职责分工做好相应的辐射事故应急工作：

（一）环境保护主管部门负责辐射事故的应急响应、调查处理和定性定级工作，协助公安部门监控追缴丢失、被盗的放射源；

（二）公安部门负责丢失、被盗放射源的立案侦查和追缴；

（三）卫生主管部门负责辐射事故的医疗应急。

环境保护主管部门、公安部门、卫生主管部门应当及时相互通报辐射事故应急响应、调查处理、定性定级、立案侦查和医疗应急情况。国务院指定的部门根据环境保护主管部门确定的辐射事故的性质和级别，负责有关国际信息通报工作。

第四十五条 发生辐射事故的单位应当立即将可能受到辐射伤害的人员送至当地卫生主管部门指定的医院或者有条件救治辐射损伤病人的医院，进行检查和治疗，或者请求医院立即派人赶赴事故现场，采取救治措施。

第五章 监督检查

第四十六条 县级以上人民政府环境保护主管部门和其他有关部门应当按照各自职责对生产、销售、使用放射性同位素和射线装置的单位进行监督检查。

被检查单位应当予以配合，如实反映情况，提供必要的资料，不得拒绝和阻碍。

第四十七条 县级以上人民政府环境保护主管部门应当配备辐射防护安全监督员。辐射防护安全监督员由从事辐射防护工作，具有辐射防护安全知识并经省级以上人民政府环境保护主管部门认可的专业人员担任。辐射防护安全监督员应当定期接受专业知识培训和考核。

第四十八条 县级以上人民政府环境保护主管部门在监督检查中发现生产、销售、使用放射性同位素和射线装置的单位有不符合原发证条件的情形的，应当责令其限期整改。

监督检查人员依法进行监督检查时，应当出示证件，并为被检查单位保守技术秘密和业务秘密。

第四十九条 任何单位和个人对违反本条例的行为，有权向环境保护主管部门和其他有关部门检举；对环境保护主管部门和其他有关部门未依法履行监督管理职责的行为，有权向本级人民政府、上级人民政府有关部门检举。接到举报的有关人民政府、环境保护主管部门和其他有关部门对有关举报应当及时核实、处理。

第六章　法律责任

第五十条　违反本条例规定，县级以上人民政府环境保护主管部门有下列行为之一的，对直接负责的主管人员和其他直接责任人员，依法给予行政处分；构成犯罪的，依法追究刑事责任：

（一）向不符合本条例规定条件的单位颁发许可证或者批准不符合本条例规定条件的单位进口、转让放射性同位素的；

（二）发现未依法取得许可证的单位擅自生产、销售、使用放射性同位素和射线装置，不予查处或者接到举报后不依法处理的；

（三）发现未经依法批准擅自进口、转让放射性同位素，不予查处或者接到举报后不依法处理的；

（四）对依法取得许可证的单位不履行监督管理职责或者发现违反本条例规定的行为不予查处的；

（五）在放射性同位素、射线装置安全和防护监督管理工作中有其他渎职行为的。

第五十一条　违反本条例规定，县级以上人民政府环境保护主管部门和其他有关部门有下列行为之一的，对直接负责的主管人员和其他直接责任人员，依法给予行政处分；构成犯罪的，依法追究刑事责任：

（一）缓报、瞒报、谎报或者漏报辐射事故的；

（二）未按照规定编制辐射事故应急预案或者不依法履行辐射事故应急职责的。

第五十二条　违反本条例规定，生产、销售、使用放射性同位素和射线装置的单位有下列行为之一的，由县级以上人民政府环境保护主管部门责令停止违法行为，限期改正；逾期不改正的，责令停产停业或者由原发证机关吊销许可证；有违法所得的，没收违法所得；违法所得 10 万元以上的，并处违法所得 1 倍以上 5 倍以下的罚款；没有违法所得或者违法所得不足 10 万元的，并处 1 万元以上 10 万元以下的罚款：

（一）无许可证从事放射性同位素和射线装置生产、销售、使用活动的；

（二）未按照许可证的规定从事放射性同位素和射线装置生产、销售、使用活动的；

（三）改变所从事活动的种类或者范围以及新建、改建或者扩建生产、销售、使用设施或者场所，未按照规定重新申请领取许可证的；

（四）许可证有效期届满，需要延续而未按照规定办理延续手续的；

（五）未经批准，擅自进口或者转让放射性同位素的。

第五十三条 违反本条例规定，生产、销售、使用放射性同位素和射线装置的单位变更单位名称、地址、法定代表人，未依法办理许可证变更手续的，由县级以上人民政府环境保护主管部门责令限期改正，给予警告；逾期不改正的，由原发证机关暂扣或者吊销许可证。

第五十四条 违反本条例规定，生产、销售、使用放射性同位素和射线装置的单位部分终止或者全部终止生产、销售、使用活动，未按照规定办理许可证变更或者注销手续的，由县级以上人民政府环境保护主管部门责令停止违法行为，限期改正；逾期不改正的，处1万元以上10万元以下的罚款；造成辐射事故，构成犯罪的，依法追究刑事责任。

第五十五条 违反本条例规定，伪造、变造、转让许可证的，由县级以上人民政府环境保护主管部门收缴伪造、变造的许可证或者由原发证机关吊销许可证，并处5万元以上10万元以下的罚款；构成犯罪的，依法追究刑事责任。

违反本条例规定，伪造、变造、转让放射性同位素进口和转让批准文件的，由县级以上人民政府环境保护主管部门收缴伪造、变造的批准文件或者由原批准机关撤销批准文件，并处5万元以上10万元以下的罚款；情节严重的，可以由原发证机关吊销许可证；构成犯罪的，依法追究刑事责任。

第五十六条 违反本条例规定，生产、销售、使用放射性同位素的单位有下列行为之一的，由县级以上人民政府环境保护主管部门责令限期改正，给予警告；逾期不改正的，由原发证机关暂扣或者吊销许可证：

（一）转入、转出放射性同位素未按照规定备案的；

（二）将放射性同位素转移到外省、自治区、直辖市使用，未按照规定备案的；

（三）将废旧放射源交回生产单位、返回原出口方或者送交放射性废物集中贮存单位贮存，未按照规定备案的。

第五十七条 违反本条例规定，生产、销售、使用放射性同位素和射线装置的单位有下列行为之一的，由县级以上人民政府环境保护主管部门责令停止违法行为，限期改正；逾期不改正的，处1万元以上10万元以下的罚款：

（一）在室外、野外使用放射性同位素和射线装置，未按照国家有关安全和防护标准的要求划出安全防护区域和设置明显的放射性标志的；

（二）未经批准擅自在野外进行放射性同位素示踪试验的。

第五十八条 违反本条例规定，生产放射性同位素的单位有下列行为之一的，由县级以上人民政府环境保护主管部门责令限期改正，给予警告；逾期不改正的，依法收缴其未备案的放射性同位素和未编码的放射源，处5万元以上

10 万元以下的罚款，并可以由原发证机关暂扣或者吊销许可证：

（一）未建立放射性同位素产品台账的；

（二）未按照国务院环境保护主管部门制定的编码规则，对生产的放射源进行统一编码的；

（三）未将放射性同位素产品台账和放射源编码清单报国务院环境保护主管部门备案的；

（四）出厂或者销售未列入产品台账的放射性同位素和未编码的放射源的。

第五十九条 违反本条例规定，生产、销售、使用放射性同位素和射线装置的单位有下列行为之一的，由县级以上人民政府环境保护主管部门责令停止违法行为，限期改正；逾期不改正的，由原发证机关指定有处理能力的单位代为处理或者实施退役，费用由生产、销售、使用放射性同位素和射线装置的单位承担，并处 1 万元以上 10 万元以下的罚款：

（一）未按照规定对废旧放射源进行处理的；

（二）未按照规定对使用Ⅰ类、Ⅱ类、Ⅲ类放射源的场所和生产放射性同位素的场所，以及终结运行后产生放射性污染的射线装置实施退役的。

第六十条 违反本条例规定，生产、销售、使用放射性同位素和射线装置的单位有下列行为之一的，由县级以上人民政府环境保护主管部门责令停止违法行为，限期改正；逾期不改正的，责令停产停业，并处 2 万元以上 20 万元以下的罚款；构成犯罪的，依法追究刑事责任：

（一）未按照规定对本单位的放射性同位素、射线装置安全和防护状况进行评估或者发现安全隐患不及时整改的；

（二）生产、销售、使用、贮存放射性同位素和射线装置的场所未按照规定设置安全和防护设施以及放射性标志的。

第六十一条 违反本条例规定，造成辐射事故的，由原发证机关责令限期改正，并处 5 万元以上 20 万元以下的罚款；情节严重的，由原发证机关吊销许可证；构成违反治安管理行为的，由公安机关依法予以治安处罚；构成犯罪的，依法追究刑事责任。

因辐射事故造成他人损害的，依法承担民事责任。

第六十二条 生产、销售、使用放射性同位素和射线装置的单位被责令限期整改，逾期不整改或者经整改仍不符合原发证条件的，由原发证机关暂扣或者吊销许可证。

第六十三条 违反本条例规定，被依法吊销许可证的单位或者伪造、变造许可证的单位，5 年内不得申请领取许可证。

第六十四条 县级以上地方人民政府环境保护主管部门的行政处罚权限的划分，由省、自治区、直辖市人民政府确定。

第七章 附 则

第六十五条 军用放射性同位素、射线装置安全和防护的监督管理，依照《中华人民共和国放射性污染防治法》第六十条的规定执行。

第六十六条 劳动者在职业活动中接触放射性同位素和射线装置造成的职业病的防治，依照《中华人民共和国职业病防治法》和国务院有关规定执行。

第六十七条 放射性同位素的运输，放射性同位素和射线装置生产、销售、使用过程中产生的放射性废物的处置，依照国务院有关规定执行。

第六十八条 本条例中下列用语的含义：

放射性同位素，是指某种发生放射性衰变的元素中具有相同原子序数但质量不同的核素。

放射源，是指除研究堆和动力堆核燃料循环范畴的材料以外，永久密封在容器中或者有严密包层并呈固态的放射性材料。

射线装置，是指 X 线机、加速器、中子发生器以及含放射源的装置。

非密封放射性物质，是指非永久密封在包壳里或者紧密地固结在覆盖层里的放射性物质。

转让，是指除进出口、回收活动之外，放射性同位素所有权或者使用权在不同持有者之间的转移。

伴有产生 X 射线的电器产品，是指不以产生 X 射线为目的，但在生产或者使用过程中产生 X 射线的电器产品。

辐射事故，是指放射源丢失、被盗、失控，或者放射性同位素和射线装置失控导致人员受到意外的异常照射。

第六十九条 本条例自 2005 年 12 月 1 日起施行。1989 年 10 月 24 日国务院发布的《放射性同位素与射线装置放射防护条例》同时废止。

《放射性同位素与射线装置安全和防护条例》释义

第一章 总 则

第一条 为了加强对放射性同位素、射线装置安全和防护的监督管理，促进放射性同位素、射线装置的安全应用，保障人体健康，保护环境，制定本条例。

【释义】本条是关于《条例》立法目的的规定。

《放射性同位素与射线装置放射防护条例》自1989年10月24日发布施行以来，在加强对放射性同位素、射线装置安全和防护的监督管理，保障工作人员和公众健康，保护环境，促进放射性同位素和射线技术的安全应用方面，发挥了重要的作用。随着经济社会的发展，放射性同位素、射线装置的应用越来越广泛，从主要应用于医疗卫生领域，发展到广泛应用于工业、农业、交通、教学、科研等领域，放射性同位素、射线装置的管理工作也随之出现了一些新情况、新问题。主要表现在：一是，放射性同位素、射线装置的安全和防护由各有关部门分头负责，容易造成放射性同位素和射线装置底数不清、监管责任不明，需要由一个综合管理部门对各行各业的放射性同位素和射线装置实施统一监管；二是，放射性同位素"从生到死"的监管措施不尽完善，放射源流向难以及时掌握；三是，放射性同位素和放射性废物丢失、被盗、失控时常发生，存在安全隐患；四是，辐射事故的分级、预防、应急、报告制度不完善，应急反应能力不足。为了解决上述问题，必须完善我国放射性同位素、射线装置安全和防护的法律制度，加强对放射性同位素、射线装置安全和防护的监督管理，从而达到促进放射性同位素、射线装置的安全应用以及保障人体健康，保护环境的目的。

为了达到促进放射性同位素、射线装置的安全应用以及保障人体健康，保护环境的立法目的，在加强放射性同位素、射线装置安全和防护的监督管理方面，《条例》与1989年10月24日国务院发布的《放射性同位素与射线装置放射防护条例》相比，主要有以下变化：（1）完善了管理体制，调整了放射源安全监管的职责分工，明确了放射性同位素、射线装置的安全和防护工作由国务院环境保护主管部门实施统一监督管理。（2）完善了生产、销售、使用放射性同位素和射线装置单位的许可证制度。根据实施行政许可法的需要，《条例》对生产、销售、使用放射性同位素和射线装置的许可证制度作了进一步完善。(3)确立了放射性同位素进出口审批制度。进口列入限制进出口目录的放射性同位素，在国务院环境保护主管部门审查批准后，由国务院对外贸易主管部门签发进口许可证。出口列入限制进出口目录的放射性同位素，应当提供进口方可以合法持有放射性同位素的证明材料，并由国务院环境保护主管部门依照有关法律和我国缔结或者参加的国际条约、协定的规定，办理有关手续。(4)加强了放射性同位素转让的管理，明确了转让放射性同位素的要求以及审批发证程序和期限。(5)完善了放射性同位素备案制度。明确转让放射性同位素、生产放射性同位素、处理废旧放射源以及放射性同位素转移到外省、自治区、直辖市使用均应当进行备案。(6)加强了放射性同位素、射线装置的安全和防护管理。细化了直接从事生产、销售、使用活动的工作人员培训和考核的规定，规定了生产、销售、使用单位的安全和防护年度自我评估制度，完善了生产、销售、使用单位终止时对放射性同位素和放射性废物妥善处理的规定，明确了对废旧放射源管理以及放射性场所和设施退役的规定。(7)完善了辐射事故应急处理制度。完善了辐射事故的处理和报告程序，健全了对辐射事故的临时控制措施，同时明确了有关部门在辐射事故应急工作中的职责。(8)完善了法律责任，加大了对违法行为的处罚力度，为条例的贯彻实施提供了明确的依据。

第二条 在中华人民共和国境内生产、销售、使用放射性同位素和射线装置，以及转让、进出口放射性同位素的，应当遵守本条例。

本条例所称放射性同位素包括放射源和非密封放射性物质。

【释义】本条是关于《条例》调整范围的规定。

条例的调整范围是《条例》的效力范围，即《条例》在多大地域、对哪些人以及对哪些行为有效，是解决“管什么”、“是什么”的问题。两者有机结合、密不可分，构建了条例的整体框架。本条例的适用范围，可以从以下三个方面理解：

首先，从地域角度来看，条例明确规定其适用于“中华人民共和国境内”。这里的“中华人民共和国境内”，指的是我国国境以内的全部空间区域，具体包括：领陆、领水、领空。领陆是指国家疆界以内的全部陆地，包括大陆和岛屿。领水是指国家陆地疆界以内的水域和与陆地疆界邻连的一定宽度的水域，即内水和领海及其底土部分。领海是指连接国家陆地领土及内水或群岛水域的一定宽度的海水带，包括海床和底土。领空是指领陆和领水的上空。

其次，从主体角度来看，本条主要明确了以下内容：(1)生产、销售、使用放射性同位素和射线装置的企业事业单位；(2)转让、进出口放射性同位素的企业事业单位。此外，作为监督管理部门同样也是本条例要规范的主体。有关监督管理部门及其工作人员违反本条例规定，在放射性同位素、射线装置安全和防护监督管理工作中有失职、渎职行为的，同样要承担相应的法律责任。

再次，从行为角度来看，本条主要明确了以下内容：（1）放射性同位素和射线装置生产、销售、使用活动；（2）放射性同位素转让、进出口活动。在条例起草和审查过程中，有人提出，本条例应当仅适用于“放射性同位素”生产、销售、使用活动和转让、进出口活动的监督管理，不应当适用于“射线装置”的监督管理。理由是：（1）放射性同位素和射线装置管理手段和方式的不同，将“射线装置”纳入调整范围，不利于加强“放射性同位素”特别是对放射源的监督管理；（2）目前实践中对“射线装置”的监督管理部门还有不同理解，中编办下发的《关于放射源安全监管部门职责分工的通知》（中央编办发［2003］17号）对“射线装置”的监督管理部门也没有明确规定。有人提出，本条例应当适用于放射性同位素和射线装置的生产、销售、使用活动和放射性同位素转让、进出口活动。理由是：（1）《中华人民共和国放射性污染防治法》第四章“核技术利用的污染防治”已经将“放射性同位素和射线装置”纳入管理范围；（2）1989年10月24日国务院发布的《放射性同位素与射线装置放射防护条例》是“放射性同位素和射线装置”监督管理的具体规定，条例既是修订原条例，就不应当缩小管理范围，否则，“射线装置”的监督管理就失去了依据；（3）放射性同位素和射线装置管理手段和方式的不同，可以规定实行分类管理，并不影响将“放射性同位素和射线装置”纳入条例的适用范围；（4）目前有关部门管理职责已经明确，国务院在提请全国人大常委会审议放射性污染防治法议案的说明中明确提出，国务院决定对核技术利用的污染防治由国务院环境保护主管部门归口管理。因此，在条例中进一步明确对“放射性同位素和射线装置”实施统一监督管理，有利于解决管理体制上存在的部门分头管理问题。最后，经过反复论证和协调，条例采纳上述第二种意见。

本条第2款关于“本条例所称放射性同位素包括放射源和非密封放射性物质”的规定，是对本条例调整对象的进一步明确。由于实施分类管理的需要，条例不同条款中分别出现的“放射性同位素”、“射线装置”、“放射源”和“非密封放射性物质”的表述，其中“射线装置”的概念相对容易区分，“放射性同位素”与“放射源”和“非密封放射性物质”三个概念的并用，则比较容易引起误解。因此，本条第二款主要是明确了“放射性同位素”与“放射源”和“非密封放射性物质”的关系。至于“放射性同位素”、“射线装置”、“放射源”和“非密封放射性物质”的具体含义，则放入附则第六十八条予以界定，此处不再赘述。

第三条 国务院环境保护主管部门对全国放射性同位素、射线装置的安全和防护工作实施统一监督管理。

国务院公安、卫生等部门按照职责分工和本条例的规定，对有关放射性同位素、射线装置的安全和防护工作实施监督管理。

县级以上地方人民政府环境保护主管部门和其他有关部门，按照职责分工和本条例的规定，对本行政区域内放射性同位素、射线装置的安全和防护工作实施监督管理。

【释义】本条是关于放射性同位素、射线装置安全和防护管理体制的规定。

第一，国务院环境保护主管部门对全国放射性同位素、射线装置的安全和防护工作实施统一监督管理。按照宪法第八十九条的规定国务院确定其各部各委员会的职责，确定中央和省、自治区、直辖市行政机关的职权的具体划分。根据国务院批准、国务院办公厅下发的《关于国家环境保护总局职能配置内设机构和人员编制规定》以及中编办下发的《关于放射源安全监管部门职责分工的通知》（中央编办发［2003］17号）的有关规定，国家环境保护总局（国家核安全局）负责核安全、辐射环境、放射性废物管理工作，拟定有关方针、政策、法规和标准；参与核事故、辐射环境事故应急工作；对核设施安全和电磁辐射、核技术应用、伴有放射性矿产资源开发利用中的污染防治工作统一监督管理；对核材料的管制和核承压设备实施安全监督。

中编办下发的《关于放射源安全监管部门职责分工的通知》（中央编办发［2003］17号），调整了放射源安全监管的职责分工。根据国务院环境保护主管部门对全国放射性同位素、射线装置的安全和防护工作实施统一监督管理的要求，本条例对国务院环境保护主管部门规定了以下职责：（1）制定放射源和射线装置分类管理办法；（2）负责生产放射性同位素、销售和使用Ⅰ类放射源、销售和使用Ⅰ类射线装置的单位许可证的审批颁发；（3）会同国务院有关部门制定并公布限制进出口放射性同位素目录和禁止进出口放射性同位素目录，以及辐射安全关键岗位名录；（4）审批列入限制进出口目录的放射性同位素的进口，并依照有关法律和我国缔结或者参加的国际条约、协定的规定办理列入限制进出口目录的放射性同位素出口的有关手续；（5）负责制定放射性同位素产品编码规则，并负责放射性同位素产品台账和放射源编码清单备案工作；（6）负责批准在野外进行的放射性同位素示踪试验；（7）会同国务院有关部门编制全国辐射事故应急预案；（8）依法负责辐射事故的应急响应、调查处理和定性定级工作；（9）负责对有关生产、销售、使用放射性同位素和射线装置的单位进行监督检查；（10）负责查处有关违法行为。

第二，国务院公安、卫生等部门按照职责分工和本条例的规定，对有关放射性同位素、射线装置的安全和防护工作实施监督管理。除国务院环境保护主管部门外，有权对放射性同位素、射线装置的安全和防护工作实施监督管理的部门还包括国务院公安部门、卫生部门、对外贸易主管部门、海关总署、质量监督检验检疫部门以及生产放射性同位素的单位的行业主管部门、国务院指定的部门。具体分工是：公安部门负责放射性同位素、射线装置的安全保卫工作，负责丢失、被盗放射源的立案侦查和追缴。卫生主管部门协助环境保护部门制定射线装置分类管理办法；负责对使用放射性同位素和射线装置进行放射诊疗的医疗卫生机构进行放射源诊疗技术和医用辐射机构许可；协助国务院环境保护主管部门制定并公布辐射安全关键岗位名录；协助国务院环境保护主管部门编制全国辐射事故应急预案；负责辐射事故的医疗应急；协助环境保护主管部门进行监督检查。国务院对外贸易主管部门、海关总署、质量监督检验检疫部门主要是协助国务院环境保护主管部门制定并公布限制进出口放射性同位素目录和禁止进出口放射性同位素目录，负责有关放射性同位素进出口监管工作。生产放射性同位素的单位的行业主管部门协助环境保护部门对生产放射性同位素的单位进行监管工作。国务院指定的部门根据环境保护主管部门确定的辐射事故的性质和级别，负责有关国际信息通报工作。

第三，放射性同位素、射线装置的安全和防护工作离不开地方政府有关部门的支持与配合，同时放射性同位素、射线装置的安全和防护工作也是地方政府有关部门的重要职责。因此，本条第三款规定县级以上地方人民政府环境保护主管部门和其他有关部门，按照职责分工和本条例的规定，对本行政区域内放射性同位素、射线装置的安全和防护工作实施监督管理。

至于县级以上地方人民政府环境保护主管部门的职责分工，在条例起草和审查过程中，有的地方主张维持原条例“两级审批、四级监管”的管理体制，放射性同位素、射线装置安全和防护管理中的审批发证工作由国家、省级环境保护主管部门两级负责，监督管理则由国家、省级、市（地）级和县级环境保护主管部门四级负责。有的地方建议，对放射性同位素、射线装置安全和防护工作实行三级管理体制，放射性同位素、射线装置安全和防护管理中的审批发证工作由国家、省级环境保护主管部门两级负责，监督管理则由国家、省级和市（地）级环境保护主管部门三级负责。有的地方则主张，对放射性同位素、射线装置的安全和防护工作实行两级管理体制，由国家和省级环境保护主管部门“两级审批、两级监管”。考虑到放射性同位素、射线装置的安全和防护工作的技术含量高、专业性强的特点，条例明确规定放射性同位素、射线装置安全和防护管理中的审批发证工作由国家环境保护主管部门和省级环境保护主管部门两级负责，同时，考虑到放射性同位素和射线装置应用广泛、各地地域范围的差别和管理水平的不同，条例第四十六条规定了市（地）级和县级环境保护主管部门享有对生产、销售、使用放射性同位素和射线装置的单位进行监督检查的权力，但是，对于县级以上地方人民政府环境保护主管部门的行政执法（处罚）权，则在条例第六十四条授权“由省、自治区、直辖市人民政府确定”。

第四条 国家对放射源和射线装置实行分类管理。根据放射源、射线装置对人体健康和环境的潜在危害程度，从高到低将放射源分为Ⅰ类、Ⅱ类、Ⅲ类、Ⅳ类、Ⅴ类，具体分类办法由国务院环境保护主管部门制定；将射线装置分为Ⅰ类、Ⅱ类、Ⅲ类，具体分类办法由国务院环境保护主管部门商国务院卫生主管部门制定。

【释义】 本条是关于放射源和射线装置分类管理制度的规定。

一、实行分类管理的必要性

无论是使用含放射性的材料还是射线装置，已经在世界范围内广泛用于工业、农业、医疗、科学研究和教育等各种和平目的，也用于各种军事目的。许多放射源以密封源的形态出现，其放射性材料被永久地密封在容器中或者有严密的包层。一旦发生破损或者泄漏，破损或泄漏的密封源以及非密封放射性材料，就可能导致环境污染和人体摄入的放射性过量。由于这些源和材料的放射性核素、物理和化学形态以及活度等方面差别很大，其产生风险的变化范围也很大。因此，根据各种放射源可能产生的对环境和人体的污染的危害程度，对放射源和射线装置进行分类管理，既是必要的，也是可行的。

二、关于放射源和射线装置的分类

2003 年 7 月，国际原子能机构（IAEA）发布《放射源分类》（IAEA - TECDOC - 1191 辐射源分类修订版），根据放射源危害性程度，按照危害性由高到低的顺序将放射源划分为Ⅰ类、Ⅱ类、Ⅲ类、Ⅳ类、Ⅴ类。Ⅰ类放射源最危险，Ⅴ类放射源不危险。具体划分标准为：

（一）Ⅰ类放射源：极度危险。一般情况下接触几分钟就可能对人体造成永久性的损伤；接近几分钟至一小时就可能对人体造成致命性的伤害。

（二）Ⅱ类放射源：非常危险。一般情况下接触几分钟至几小时就可能对人体造成永久性的损伤；接近几小时至几天就可能对人体造成致命性的伤害。

（三）Ⅲ类放射源：危险。一般情况下接触几小时就可能对人体造成永久性损伤；接近几天至几周就可能对人体造成致命伤害（但可能性较小）。

（四）Ⅳ类放射源：一般情况下不大可能有危险，不大可能造成永久性损伤，但接触或者接近许多周，可能造成临时性损伤。

（五）Ⅴ类放射源：没有危险，不会造成永久性损伤。

在条例起草审查过程中，我们认真分析和研究了国际原子能机构（IAEA）发布的《放射源分类》，并根据放射源和射线装置贸易国际性强的特点，本着既考虑中国目前放射源和射线装置生产、使用的现实情况，又尽量与国际规定接轨的指导思想，参照该文件的分类标准，根据放射源、射线装置对人体健康和环境的潜在危害程度，从高到低将放射源分为五类、将射线装置分为三类。

目前，我国的放射源具体分类办法正在紧张制定过程中，分类原则已经在国务院环境保护主管部门制定的《放射源事故处理规定》予以明确。此外，对于非密封放射性物质的分类将在放射源分类办法中给出原则，参照放射源的分类执行。

三、关于放射源和射线装置具体分类办法的制定部门

按照1989年10月24日发布的原《放射性同位素与射线装置放射防护条例》（国务院令第44号）的规定，卫生、公安、环境保护三部门对放射性同位素与射线装置的放射防护实行分头管理。基本分工为：（一）新建、改建、扩建放射防护设施的设计，必须经所在省、自治区、直辖市的卫生主管部门会同公安等部门审查同意。竣工后须经卫生、公安、环境保护等有关部门验收同意；（二）生产、使用、销售放射性同位素和含放射源的射线装置的，须向省、自治区、直辖市的卫生主管部门申请许可，并向同级公安部门登记。涉及放射性废水、废气、固体废物排放的，还必须先向省、自治区、直辖市的环境保护部门递交环境影响报告表（书），经批准方可申请许可登记。

经过一段时间的实践，发现这种分头管理体制在一定程度上影响了对放射性同位素和射线装置的有效监管，有必要根据实践发展需要适当集中对放射性同位素和射线装置放射防护的监督管理权，以形成强有力的统一监督管理体制。因此，国务院在2002年向全国人大常委会上报《中华人民共和国放射性污染防治法》（草案）时特别说明：国务院决定对核技术利用的污染防治由国务院环境保护主管部门归口管理，在本法审议通过后，将对国务院发布的《放射性同位素与射线装置放射防护条例》进行修改，进一步明确归口管理的具体措施。2003年12月8日，中编办下发了《关于放射源安全监管部门职责分工的通知》（中央编办发［2003］17号），进一步明确了放射性同位素、射线装置安全和防护工作的统一监督管理体制。

根据国务院对放射性同位素、射线装置安全和防护工作部门职能调整的结果，并根据实践中放射源和射线装置在各行业的分布和管理情况，本条作了授权规定：放射源的具体分类办法由国务院环境保护主管部门制定；射线装置的具体分类办法由国务院环境保护主管部门商国务院卫生主管部门制定。

第二章 许可和备案

第五条 生产、销售、使用放射性同位素和射线装置的单位，应当依照本章规定取得许可证。

【释义】本条是对许可证管理制度的规定。

放射性同位素与射线装置能直接或间接产生电离辐射，而电离辐射对人体会产生有害的生物效应，超过一定剂量的照射可导致人体放射性损伤，甚至死亡；同时放射性物质保管、处理和处置不当，还会导致环境的放射性污染。从事放射性同位素和射线装置生产、销售、使用的单位，无论在正常实践活动中，还是在放射性同位素和射线装置失控的情况下，对工作人员、公众和周围的环境，都会存在一定的潜在危害，因此，对从事放射性同位素和射线装置生产、销售、使用的单位，必须实行资质管理，正如《中华人民共和国放射性污染防治法》第28条第1款所规定的："生产、销售、使用放射性同位素和射线装置的单位，应当按照国务院有关放射性同位素与射线装置放射防护的规定领取许可证，办理登记手续"。因此，放射性同位素生产、销售、使用单位在开展相关活动之前，必须取得相应的许可证。

许可证管理是通过审管部门对拟从事放射性同位素和射线装置生产、销售、使用单位的安全和防护设施、人员资质、管理措施等方面的评价和验证，满足国家法律法规和标准要求的，方可允许该单位开展放射性同位素和射线装置生产、销售、使用等活动，从而防止或减少放射性同位素与射线装置对人体和环境的危害，保障人体健康，保护环境，促进放射性同位素与射线装置的安全应用。

第六条 生产放射性同位素、销售和使用Ⅰ类放射源、销售和使用Ⅰ类射线装置的单位的许可证，由国务院环境保护主管部门审批颁发。

前款规定之外的单位的许可证，由省、自治区、直辖市人民政府环境保护主管部门审批颁发。

国务院环境保护主管部门向生产放射性同位素的单位颁发许可证前，应当将申请材料印送其行业主管部门征求意见。

环境保护主管部门应当将审批颁发许可证的情况通报同级公安部门、卫生主管部门。

【释义】 本条是对许可证分级审批颁发的规定。

第一，许可证的审批机关。按照《行政许可法》的规定，条例明确了生产、销售、使用放射性同位素与射线装置单位的许可证审批颁发机关是国务院环境保护主管部门，并实行国家和省两级审批颁发。

第二，关于国务院环境保护主管部门负责审批颁发的许可证。不同的放射源和射线装置在正常使用和事故情况下，对人体健康和环境的潜在危害程度存在较大的区别，对其安全和防护监督管理的要求也各有不同，为了合理利用现有的监管资源，我们已根据放射源和射线装置的潜在危害进行了科学的分类（第4条），并依据分类系统，实行分级管理。国务院环境保护主管部门负责生产放射性同位素、销售和使用Ⅰ类放射源、销售（含建造）和使用Ⅰ类射线装置的单位许可证的审批、颁发，其他单位的许可证由省级环保部门审批颁发。

长期以来，我国对放射性同位素和射线装置的实际应用情况缺乏确实可信的数据，一个重要的原因是过去缺乏对放射源的源头控制。我国放射源的来源有两部分：国内生产和国外进口，只有对放射性同位素生产和进出口（特殊的销售活动）单位实行严格管理，对生产和进口的放射源进行统一编码，并定期对放射源实行备案和统计，由国务院环境保护主管部门建立放射源管理信息系统，即可掌握我国每年放射源数量变化情况。因此，国务院环境保护主管部门从控制我国放射源的源头、及时掌握放射源的应用动态，必须由国务院环境保护主管部门对放射性同位素生产和进出口单位进行统一管理。

Ⅰ类放射源（极高危险源）主要用于辐照加工装置和医用放射治疗设备，其放射性活度从几千居里到几百万居里；Ⅰ类射线装置（高危险射线装置）是能量和束流较高的加速器，主要用于科研、放射性同位素生产和工业辐照加工。Ⅰ类放射源和Ⅰ类射线装置的共同特点是一旦失控，短时间内将对人体造成极大的伤害，甚至有致命性危险，以往我国发生的重大和特大事故主要与它们有关，即使在正常使用时，对安全联锁、保安和防护屏蔽的要求较高，同时还有放射性或非放射性废物的产生，在安全和防护的管理上较为复杂，在目前阶段应当由国务院环境保护主管部门进行统一监管，加大管理的力度，防止特别重大辐射事故的发生。

第三，一个单位只需申请一个许可证，一个单位需要同时分别向国务院环境保护主管部门和省级人民政府环境保护主管部门申请许可证时，其许可证由国家环境保护总局审批颁发，如某个放射同位素使用单位同时拥有Ⅰ类、Ⅱ类和Ⅲ类放射源，按照本条的规定，使用Ⅰ类放射源应向国务院环境保护主管部门申请许可证，而使用Ⅱ、Ⅲ类放射源应向省级环保部门申请，在这种情况下，只需向国务院环境保护主管部门申请，国务院环境保护主管部门在审批使用Ⅰ类放射源许可证时，应同时审批使用Ⅱ、Ⅲ类放射源的条件。

第四，本条例规定了“国务院环境保护主管部门对全国放射性同位素、射线装置的安全和防护工作实施统一监督管理”（第3条），但并没有排除放射性同位素和射线装置生产、销售、使用单位的行业主管部门在安全和防护中应发挥的作用，加强本系统的辐射安全和防护管理，协助和配合环保部门共同做好放射性同位素的安全和防护监管工作。因此，对可能造成严重环境污染、对人体产生重大影响的放射性同位素生产单位，环保部门应将许可申请材料印送其行业主管部门征求意见。

第五，公安、卫生等部门在辐射事故应急处理中将承担相应的职责，如公安部门负责放射源丢失、被盗事故的立案调查处理，卫生部门负责受照人员的医疗救治工作等。因此，在环保部门颁发许可证时，有必要将许可证颁发情况及时通报同级公安、卫生主管部门。许可证审批颁发情况通报可采取由环保部门建立“许可证审批颁发信息库”的方式，以便于相关部门查阅，及时了解辖区内的放射性同位素和射线装置的应用情况。

第七条 生产、销售、使用放射性同位素和射线装置的单位申请领取许可证，应当具备下列条件：

（一）有与所从事的生产、销售、使用活动规模相适应的，具备相应专业知识和防护知识及健康条件的专业技术人员；

（二）有符合国家环境保护标准、职业卫生标准和安全防护要求的场所、设施和设备；

（三）有专门的安全和防护管理机构或者专职、兼职安全和防护管理人员，并配备必要的防护用品和监测仪器；

（四）有健全的安全和防护管理规章制度、辐射事故应急措施；

（五）产生放射性废气、废液、固体废物的，具有确保放射性废气、废液、固体废物达标排放的处理能力或者可行的处理方案。

【释义】本条是对申领许可证必须具备的基本条件的规定。

为了确保放射性同位素和射线装置生产、销售、使用工作的安全，防止可能导致的环境放射性污染，避免对工作人员和公众造成的辐射伤害，从事放射性同位素和射线装置生产、销售、使用的单位在从事相关工作之前，必须具备相应的条件。虽然不同类型、不同规模的辐射工作需要具备的条件有所不同，但基本的要求大致相同，因此，本办法从辐射安全与环境保护管理机构、专业技术人员和管理人员的资质、放射性同位素暂存库或设备、辐射的实体保护设施、包装容器和运输工具、辐射防护用品、辐射监测仪器、管理规章制度、辐射事故应急预案、放射性废弃物达标排放的处理能力等五个方面，规定了申请许可证应具备的基本条件。

放射性同位素和射线装置生产、销售、使用单位的规模有大小、持有的放射源或射线装置的类别有高低，许可证也将按照持证单位生产、销售、使用放射源和射线装置的类别，将允许该单位从事活动的种类和范围予以规定。因此，对不同的单位，申请许可证的必需条件也应有所不同，条例没有按照生产、销售、使用三种活动，以及放射源和射线装置的类别分别给出它们应具备的条件，主要是考虑到这些要求在相关的专业标准上已经明确，并且国务院环境保护主管部门还将根据条例制订实施细则，如“许可管理办法”等部门规章，以便于实际执行。

第八条 生产、销售、使用放射性同位素和射线装置的单位，应当事先向有审批权的环境保护主管部门提出许可申请，并提交符合本条例第七条规定条件的证明材料。

使用放射性同位素和射线装置进行放射诊疗的医疗卫生机构，还应当获得放射源诊疗技术和医用辐射机构许可。

【释义】本条是对许可证申请程序的规定。

从事放射性同位素与射线装置生产、销售、使用的单位，应在开展相关活动之前，申请并取得与所开展活动相适应的许可证，方可从事相关的活动。申请许可证时，申请单位应向国务院环境保护主管部门或所在地省级环保部门提交许可证申请表、满足本条例第 7 条规定的、与所从事相对应的安全和防护条件证明材料，同时，按照《环境影响评价法》的要求，生产、销售、使用放射性同位素和射线装置的单位，应当在申请领取许可证前编制环境影响评价文件，属国家环保总局审批许可证的，环评文件报国家环保总局审批，属省环保部门审批许可证的，环评文件报省级环境保护行政主管部门审查批准，未经批准，有关部门不得颁发许可证。因此，申请单位除提交上述材料之外，还应提交环境影响评价文件的审批文件。

按照中编办［2003］第 17 号文件对部门职能的分工，卫生行政部门负责诊疗技术和医用辐射机构的准入管理，主要是考虑到使用放射性同位素与射线装置进行放射诊疗的医疗卫生机构的特殊性，在辐射诊疗活动中，除了要考虑放射性同位素和射线装置对工作人员、公众和环境的危害外，还要着重考虑接受诊疗的患者的安全和防护问题，从事辐射诊疗工作的医护人员在接受辐射安全和防护知识培训的同时，还要接受与诊疗相关的技术培训，采取相应的措施，尽量减少患者的受照剂量，保护患者。因此，条例规定使用放射性同位素与射线装置进行放射诊疗的医疗卫生机构，还应当获得放射源诊疗技术和医用辐射机构许可。

第九条 环境保护主管部门应当自受理申请之日起20个工作日内完成审查，符合条件的，颁发许可证，并予以公告；不符合条件的，书面通知申请单位并说明理由。

【释义】本条是对许可证审批程序和时限的规定。

许可证审批的时限。按照《行政许可法》第42条规定，环保部门应自受理申请之日起20个工作日内完成许可证审批的审查工作。申请人提交的申请材料齐全、符合法定形式、满足许可证颁发条件的，应当及时颁发许可证，并以适当形式对颁发许可证的情况予以公开，公众有权查阅（《行政许可法》第40条），有利于社会和公众对发证机关审批结果的监督。对不满足规定许可条件、作出不予行政许可的书面决定的，应当说明理由，并告知申请人享有依法申请行政复议或者提起行政诉讼的权利（《行政许可法》第38条）。

上述20个工作日是从受理之日起计算，而非收到申请材料之日起计算。申请单位所提供的材料不齐全或不符合要求的，发证机关可以作出不予受理。需要说明的是，根据《行政许可法》第45条的规定，审批机关需要对申请材料的实质内容进行现场核实或组织专家评审的，现场核实与评审所需时间不计算在规定的20个工作日内，但应当将所需时间书面告知申请人。

第十条 许可证包括下列主要内容：

（一）单位的名称、地址、法定代表人；

（二）所从事活动的种类和范围；

（三）有效期限；

（四）发证日期和证书编号。

【释义】本条是对许可证主要内容的规定。

本条规定了辐射工作安全许可证（正本）包含的主要内容。本许可证由正本和副本组成，正本上记录被许可单位的名称、地址、法定代表人、证书编号、许可范围和有效期等主要信息，简洁明了，可以悬挂在显要位置，便于核查。而一些详细的内容则记录在副本上，如放射性同位素名称，放射源的数量、活度和编码，辐射工作人员情况，被许可的工作类型和级别、范围，监督检查记录等，作为监管部门监督检查和核实的依据。国务院环境保护主管部门将根据《行政许可法》统一制定许可证的格式和内容。

从事活动的种类包括：放射性同位素或射线装置的生产、销售（含进、出口）、使用，活动的范围包括：Ⅰ类、Ⅱ类、Ⅲ类、Ⅳ类、Ⅴ类放射源，Ⅰ类、Ⅱ类、Ⅲ类射线装置，甲级、乙级、丙级非密封放射性物质工作场所。

第十一条 持证单位变更单位名称、地址、法定代表人的，应当自变更登记之日起20日内，向原发证机关申请办理许可证变更手续。

【释义】本条是对许可变更的规定。

根据《行政许可法》第49条的规定，被许可人要求变更行政许可事项的，应当向作出行政许可决定的行政机关提出申请；符合法定条件、标准的，行政机关应当依法办理变更手续。被许可单位的名称、注册地址、法定代表人中的任一项或多项发生改变的，应当在变更登记之日起20日内，到原许可证审批机关申请办理许可证的变更手续，提交相关的证明材料，如工商注册登记证等，并向许可证审批机关交回原颁发的许可证正、副本，由许可证审批机关换发新的许可证。变更后的许可证其有效期将保留原许可证上规定的有效期。

第十二条 有下列情形之一的，持证单位应当按照原申请程序，重新申请领取许可证：

（一）改变所从事活动的种类或者范围的；

（二）新建或者改建、扩建生产、销售、使用设施或者场所的。

【释义】本条是对重新申领许可证的规定。

持证单位只能从事许可证上规定种类或范围内的活动，因许可证上规定该单位所能从事活动的种类或范围是按相应的活动应具备的条件进行的。改变原许可证所规定的活动种类或范围时，意味着持证单位现有的安全和防护条件将不适应新的活动要求。新建或改建、扩建生产、销售、使用设施或者工作场所，一方面意味着活动的范围将要改变，同时新、改、扩建的设施或场所的安全和防护条件是否能满足要求，也需要由审批部门进行审查和核实。因此，只要被许可单位改变了所从事活动的种类或者范围，或有新建或者改建、扩建生产、销售、使用设施或者场所，都要按照许可证申请、审批程序，重新申请许可证。改变所从事辐射活动种类是指放射性同位素或射线装置的生产、销售（含进出口）、使用活动类型发生变化，如原来被许可销售放射性同位素的单位改为从事生产放射性同位素活动、由使用射线装置的单位改为使用放射性同位素的单位等；改变所从事活动的范围是指持证单位将要增加或减少原有放射源或射线装置的类别以及改变非密封放射性物质工作场所的级别，如原来使用Ⅲ类放射源的单位想要使用Ⅰ类或Ⅱ类放射源、由乙级非密封放射性物质工作场所改为甲级非密封放射性物质工作场所等。

原来由省级环保部门颁发的许可证的单位，由于改变了所从事活动的种类或者范围，重新申请许可证时超出了省级环保部门的审批权限，如原来使用Ⅱ类放射源的单位，现增加或改为使用Ⅰ类放射源，则在重新申请许可证时应向国务院环境保护主管部门申请。重新申请领取许可证将按照条例第8条的要求，事先向有审批权的环境保护主管部门提出许可申请，并提交符合本条例第7条规定条件的证明材料，以及环境影响评价文件的批复文件，环境保护主管部门应当自受理申请之日起20个工作日内完成审查，符合条件的，颁发新的许可证，同时收回旧的许可证。

第十三条 许可证有效期为5年。有效期届满，需要延续的，持证单位应当于许可证有效期届满30日前，向原发证机关提出延续申请。原发证机关应当自受理延续申请之日起，在许可证有效期届满前完成审查，符合条件的，予以延续；不符合条件的，书面通知申请单位并说明理由。

【释义】本条是对许可证有效期与许可证延续程序的规定。

《行政许可法》没有对许可证的有效期做出规定，但根据我国对放射性同位素和射线装置监督管理的实际情况和以往的工作经验，以及借鉴有关国家的法律法规，将许可证的有效期定为5年。在条例制订过程中，有关部门对许可证的有效期提出过不同意见，并认为放射性同位素和射线装置的生产、销售、使用等活动存在有潜在的危险性，许可证有效期5年显得过长，建议改为3年。但考虑到监管部门将在许可证的有效期内定期（如每年一次）开展监督检查，还要求持证单位每年对本单位的放射性同位素、射线装置的安全和防护状况进行自我评估，通过这些措施，可以达到监管严格监管的目的。有效期太短会加重持证单位的附加工作量，有效期太长（如美国许可证的有效期为10年）又不利于有效地监督管理。在许可证的有效期之内，取得许可证的单位应对本单位的放射性同位素、射线装置的安全和防护状况进行年度评估（本条例的第30条），并将年度评估报告报送许可证审批部门备案，可以有效地督促持证单位开展自主性检查，找出工作中存在的不足，并及时进行整改；同时监管部门还要对持证单位的安全和防护情况进行定期的监督检查，一旦发现持证单位存在安全隐患，监管部门可以通过限期整改、暂扣、吊销许可证等形式，确保持证单位的安全和防护满足国家法规与标准的要求。

《行政许可法》第50条规定：被许可人需要延续依法取得的行政许可的有效期的，应当在该行政许可有效期届满三十日前向作出行政许可决定的行政机关提出申请；行政机关应当根据被许可人的申请，在该行政许可有效期届满前作出是否准予延续的决定；逾期未作决定的，将视为准予延续。在申请许可证延续时，需要向原发证机关提供：许可证延续申请报告、许可证正副本、原发证机关认可的辐射环境监测机构编制的监测报告、许可证有效期内的辐射安全防护工作总结等相关材料，原发证机关应当自受理延续申请之日起，在许可证有效期届满前完成审查，符合条件的，予以延续。持证单位在办理许可证延续时不需要重新进行环境影响评价。

第十四条 持证单位部分终止或者全部终止生产、销售、使用放射性同位素和射线装置活动的，应当向原发证机关提出部分变更或者注销许可证申请，由原发证机关核查合格后，予以变更或者注销许可证。

【释义】 本条是对许可证部分变更和注销的规定。

取得许可证的单位，一方面可以从事许可证规定种类和范围内的活动，同时要履行放射性同位素和射线装置的安全与防护职责，并接受监管部门的监督管理，因此，许可证是与权利和义务紧密联系在一起的，当持证单位部分或全部终止生产、销售、使用放射性同位素与射线装置活动时，应及时向原发证机关申请办理部分变更或注销手续，获得变更或注销后，部分或全部终止活动的安全与防护职责才能被免除，并免于监督管理。在许可证变更或注销前，持证单位应按照规定要求，对其使用过或拥有的放射性同位素、射线装置、产生的放射性废物进行合理的处置，对生产、销售、使用场所的放射性污染进行了必要处理，使其达到国家标准的要求，经监管部门审查合格后方可办理变更或注销手续。

第十五条 禁止无许可证或者不按照许可证规定的种类和范围从事放射性同位素和射线装置的生产、销售、使用活动。禁止伪造、变造、转让许可证。

【释义】 本条是对无许可证禁止的规定。

许可证是经依法审查，准予其从事特定活动的凭证。本条例第 6 条已明确规定：生产、销售、使用放射性同位素和射线装置的单位，应当取得许可证，因此，未取得许可证的单位从事放射性同位素和射线装置生产、销售、使用活动将是违法行为，应严格禁止。

许可证审批颁发是以持证单位所具备的条件为依据，许可证中所确定的活动种类和范围是与持证单位已具备的安全和防护条件相对应的，不按照许可证规定的种类和范围从事放射性同位素与射线装置的生产、销售、使用活动，将意味着安全和防护条件不能满足活动的要求，对工作人员、公众和环境存在相当的危害，因此，不按照许可证规定的种类和范围从事放射性同位素与射线装置的生产、销售、使用活动也是要严格禁止的。

任何伪造、变造、转让许可证的行为，都将导致无合法取得许可证从事放射性同位素与射线装置的生产、销售、使用活动，是严重的违法行为，不仅要严格禁止，而且要依据条例第 52 条给予行政处罚。

第十六条 国务院对外贸易主管部门会同国务院环境保护主管部门、海关总署、国务院质量监督检验检疫部门和生产放射性同位素的单位的行业主管部门制定并公布限制进出口放射性同位素目录和禁止进出口放射性同位素目录。

进口列入限制进出口目录的放射性同位素，应当在国务院环境保护主管部门审查批准后，由国务院对外贸易主管部门依据国家对外贸易的有关规定签发进口许可证。进口限制进出口目录和禁止进出口目录之外的放射性同位素，依据国家对外贸易的有关规定办理进口手续。

【释义】本条是对限制和禁止进出口放射性同位素的进口审批的规定。

《对外贸易法》第3条规定“国务院对外贸易主管部门依照本法主管全国对外贸易工作”，第4条规定“国家实行统一的对外贸易制度”，《中国加入世界贸易组织议定书》及中国加入世贸组织工作组报告也多次重申实施统一的对外贸易制度。因此涉及对外贸易的事项，应当由国务院对外贸易主管部门或者对外贸易主管部门会同其他部门进行管理、制定相关规定。《对外贸易法》第18条规定“国务院对外贸易主管部门会同国务院其他有关部门，……制定、调整并公布限制或者禁止进出口的货物、技术目录”；第19条规定“国家对限制进口或者出口的货物，实行配额、许可证等方式管理”，“实行配额、许可证管理的货物、技术，必须按照国务院规定经国务院对外贸易主管部门或者经其会同国务院其他部门许可，方可进口或者出口”。因此实施禁止和限制进出口的货物目录应由国务院对外贸易主管部门会同国务院其他部门制定，本条例规定国务院对外贸易主管部门会同国务院环境保护主管部门、海关总署、国务院质量监督检验检疫部门和生产放射性同位素的单位的行业主管部门制定并公布限制进出口放射性同位素目录和禁止进出口放射性同位素目录。就目前来说，国务院对外贸易主管部门在其进出口管理目录中已包含有放射性同位素的部分，在没有重新制定和公布之前，可以按照现有的目录执行。

国际原子能机构在其《放射源安全和保安行为准则》中明确要求“放射源的转让只应在出口国事先通知以及适当时经进口国按照其各自法律和条例同意的情况下进行”，我国政府已向国际原子能机构递交了遵守该行为准则的书面承诺，因此，放射源的进出口还应由监管部门按照我国的法律法规进行审查，确定是否可以进出口。对进出口放射性同位素审批的目的有以下几个方面：一是要确保进口放射性同位素的单位有合法取得的许可证，防止非法获得和使用放射性同位素；二是为了强化我国放射性同位素的“源头”管理，对进口的放射源进行统一编码，及时掌握我国放射源的底数和实行动态管理；三是确保放射性同位素使用期满后能够及时返回出口国或送交放射性废物集中贮存单位处理。

国务院环境保护主管部门作为放射性同位素和射线装置的统一监管部门，理应承担放射源进出口的审批工作，而按照《对外贸易法》的规定，国务院对外贸易主管部门负责签发进口许可证，因此，在进口放射性同位素时，首先，由国务院环境保护主管部门根据第17条所要求的条件，对申请单位是否可以进口放射性同位素进行审查，符合条件要求的，予以批准；其次，放射性同位素进口单位凭国务院环境保护主管部门的审批文件到国务院对外贸易主管部门办理进口许可证，再凭进口许可证办理海关手续。

限制或者禁止进出口目录之外的放射性同位素的进口，不需经过国务院环境保护主管部门的审批，只需按照国家对外贸易的有关规定办理进口手续。

第十七条 申请进口列入限制进出口目录的放射性同位素，应当符合下列要求：

（一）进口单位已经取得与所从事活动相符的许可证；

（二）进口单位具有进口放射性同位素使用期满后的处理方案，其中，进口Ⅰ类、Ⅱ类、Ⅲ类放射源的，应当具有原出口方负责回收的承诺文件；

（三）进口的放射源应当有明确标号和必要说明文件，其中，Ⅰ类、Ⅱ类、Ⅲ类放射源的标号应当刻制在放射源本体或者密封包壳体上，Ⅳ类、Ⅴ类放射源的标号应当记录在相应说明文件中；

（四）将进口的放射性同位素销售给其他单位使用的，还应当具有与使用单位签订的书面协议以及使用单位取得的许可证复印件。

【释义】本条是对进口的放射性同位素及其单位应具备条件的规定。

拟进口放射性同位素的单位应首先取得相应的许可证，具备持有或使用该放射性同位素的安全和防护条件。取得与所从事活动相符的许可证是指放射性同位素进口单位已取得监管部门颁发的、与放射源类别相对应的、从事放射性同位素生产、销售、使用许可证，如持有销售或使用Ⅱ类放射源许可证的单位不能进口Ⅰ类放射源，只能进口Ⅱ类以下的放射源。

闲置、废弃放射源不能及时处理是导致我国放射源丢失、被盗事故最常见的原因，而闲置、废弃放射源得不到及时处理的原因是在购置放射源时缺乏使用期满后的处置方案。因此，为了避免和减少放射源丢失、被盗事故的发生，进口单位应在进口放射性同位素时制定切实可行的使用期满后的处置方案，如返回出口国的生产厂家，或送交有资质的废旧放射源收贮单位等。对于高活度、长半衰期的放射源，如Ⅰ、Ⅱ、Ⅲ类放射源等，使用期满后残留的放射性活度仍然较高，处置难度较大，需要长时间贮存、保管，所需费用较高，按照国际原子能机构《放射源安全和保安行为准则》的要求，放射性同位素出口国有义务负责回收其出口的放射性同位素，因此，为了解决Ⅰ、Ⅱ、Ⅲ类放射源使用期满后的处理问题，应在放射性同位素进口时，与放射源提供单位签订返回协议，使用期满后由原出口国负责回收。

对放射源实行统一编码，实行身份管理，是一种全新的管理方式。放射源编码类似于公民身份证号码，包含放射源的生产国家或厂家代号、生产年份、核素名称、出厂标号等基本信息。最好的办法是将放射源的编码刻制在放射源的本体上，但我国大量的放射源来自国外进口，各个厂家有其自己的放射源编号规则，很难要求国外生产厂家按照中国的编码规则对放射源进行编码；另外，对于体积较小的放射源，几乎不大可能在其源体上刻制编码。因此，只要求每枚放射源在出厂时要有一个明确的标号，或刻制在放射源的密封包壳或源的本体上，或体积很小的Ⅳ、Ⅴ类放射源，其标号应记录在说明文件中，监管部门在进行放射源编码时，即可在编码与源的标号之间建立一一对应关系。

只从事进出口贸易服务的销售商，自己并不使用或长期持有放射源，申请进口的放射源最终是要销售给其他单位使用，为了准确掌握进口放射源的最终去向，避免最终用户无证或超出许可证范围使用放射源，申请放射源进口时，还应提供与使用单位签订的协议，以及使用单位取得的、与进口放射源类别相符合的许可证复印件。

第十八条 进口列入限制进出口目录的放射性同位素的单位，应当向国务院环境保护主管部门提出进口申请，并提交符合本条例第十七条规定要求的证明材料。

国务院环境保护主管部门应当自受理申请之日起 10 个工作日内完成审查，符合条件的，予以批准；不符合条件的，书面通知申请单位并说明理由。

海关验凭放射性同位素进口许可证办理有关进口手续。进口放射性同位素的包装材料依法需要实施检疫的，依照国家有关检疫法律、法规的规定执行。

对进口的放射源，国务院环境保护主管部门还应当同时确定与其标号相对应的放射源编码。

【释义】本条是对进口放射性同位素的审批程序和办理相关手续的规定。

为加强我国放射性同位素的源头控制，国务院环境保护主管部门是我国唯一负责放射性同位素进口审批的机关。申请进口放射性同位素的单位，应向国务院环境保护主管部门提交放射性同位素进口申请、进口放射性同位素的种类、数量、用途、与生产厂家签订的进口合同，以及第 17 条规定要求的证明材料，国务院环境保护主管部门应在规定的时间内完成审查，同意进口的，出具书面审批文件，放射性同位素进口单位凭此审批文件到国务院对外贸易主管部门办理进口许可证；不同意进口的，国务院环境保护主管部门应以书面通知方式告知申请单位，并说明不同意进口的理由。

海关根据国务院对外贸易主管部门颁发的放射性同位素进口许可证，办理相应的通关手续；根据国家有关检疫法律法规的规定，放射性同位素的包装材料需要进行检疫时，还应接受检验检疫部门的检查。

国家对放射源实行身份管理，每枚放射源应由监管部门进行统一编码。国务院环境保护主管部门已制定了统一的放射源编码规则（见第22条释义），根据放射源部门规则，国家环保总局在负责进口放射源审批的同时，还应对批准进口的放射源进行编码，放射源的编码应与刻制在放射源本体上的标号相对应。

第十九条 申请转让放射性同位素，应当符合下列要求：

（一）转出、转入单位持有与所从事活动相符的许可证；

（二）转入单位具有放射性同位素使用期满后的处理方案；

（三）转让双方已经签订书面转让协议。

【释义】本条是对转让放射性同位素应具备条件的规定。

放射性同位素转让是指除进出口、回收活动之外，放射性同位素所有权和使用权在不同持有者之间的转移，包括生产单位向销售单位的转让、销售（含进口）单位向使用单位的转让、使用单位之间的转让等。按照“谁拥有、谁负责”的原则，一旦放射性同位素的所有权和使用权发生转移，则对放射性同位素应承担的安全和防护责任，以及接受监管部门监督管理的义务也要随之发生转移，因此，放射性同位素的转让不能随意进行，转让双方应具备相应的、可以进行转让的条件。

转出、转入单位持有与所从事活动相符的许可证，是指进行转让活动的双方都已取得许可证，转让活动只能在持有许可证的单位之间进行，同时许可证中限定的、所能从事活动的种类和范围涵盖了拟转让的放射性同位素，转入单位不能超出其许可证限定的种类和范围，如持有使用Ⅲ类放射源许可证的单位，不能申请转入Ⅰ类、Ⅱ类放射源，或持有只使用射线装置许可证的单位不能申请转入放射性同位素。

要求转入单位具有放射性同位素使用期满后的处理方案，是为了确保放射性同位素在使用期满后，能够及时得到处理，如废旧放射源及时返回生产厂家，或送交放射性废物集中贮存单位贮存等。如果转让活动是发生在两个使用放射性同位素的单位，转出单位与生产厂家所签订的回收协议将随放射性同位素被转让、持有者发生改变而失去作用，需要转入单位或者与放射性同位素生产单位重新签订回收协议，或者与放射性废物集中贮存单位签订协议，确保放射性同位素使用期满后能够及时和安全地处理。

为了进一步避免在转让过程中的非法行为、某些人员的个人行为，使转让活动更加规范化、合法化，要求转让活动的双方必须签订有效的书面转移协议。

第二十条 转让放射性同位素，由转入单位向其所在地省、自治区、直辖市人民政府环境保护主管部门提出申请，并提交符合本条例第十九条规定要求的证明材料。

省、自治区、直辖市人民政府环境保护主管部门应当自受理申请之日起15个工作日内完成审查，符合条件的，予以批准；不符合条件的，书面通知申请单位并说明理由。

【释义】本条是对放射性同位素转让审批程序的规定。

放射性同位素转让活动不能随意进行，应事先经过监管部门审查批准，审查批准的目的有以下几个方面：（1）确保放射性同位素的转移是在许可证持有单位之间进行，避免未取得许可证的单位或个人非法购买、获取和使用放射性同位素；（2）确保转入单位持有的许可证的许可种类和范围与申请进行的转让活动相一致，如持有使用Ⅲ类放射源许可证的单位，不能直接转入Ⅰ类、Ⅱ类放射源，需要先申请并取得使用Ⅰ类、Ⅱ类放射源的许可证；（3）对放射源实行“全程监管”的需要，防止因转让而导致放射性同位素失控；（4）遵循国际原子能机构《放射源安全和保安行为准则》的需要，对放射源实施有效的终身控制；（5）防止恐怖分子非法获取放射性同位素的重要措施。

放射性同位素转让的审批机关是转入单位所在地的省级环境保护主管部门，由国务院环境保护主管部门颁发许可证的单位，依然由转入单位所在地省级环保部门审批。转让活动之前，由转入单位向其所在地省级环保部门提出申请，并提交满足转让条件要求的证明材料和拟转让放射性同位素的详细资料等。满足转让条件要求的，省级环保部门应当在规定的时间内予以批准；对不符合转让条件的，省级环保部门应当及时书面通知申请单位，并说明不被批准的理由。

第二十一条　放射性同位素的转出、转入单位应当在转让活动完成之日起20日内，分别向其所在地省、自治区、直辖市人民政府环境保护主管部门备案。

【释义】本条是对放射性同位素转让后备案的规定。

《放射性污染防治法》第29条规定，国家建立放射性同位素备案制度。建立放射性同位素备案管理制度是为了及时、准确地掌握我国放射性同位素的底数，实现放射性同位素的动态跟踪管理，避免对放射性同位素监管失控的一种科学的监管方式。当放射性同位素由生产单位转给销售商、由销售商或进口商转给使用单位、从一个合法使用单位转给另一合法使用单位后，放射性同位素转让双方应在规定时间内分别到所在地省级监管部门进行备案。监管部门完成放射性同位素所有者的变更登记手续时，也就同时完成了放射性同位素安全和防护责任，以及接受监督管理义务的变更。未按时完成备案的，转出方将继续对转让的放射性同位素承担安全和防护责任，同时还将接受监管部门按照条例

第56条进行的处罚。

第二十二条 生产放射性同位素的单位，应当建立放射性同位素产品台账，并按照国务院环境保护主管部门制定的编码规则，对生产的放射源统一编码。放射性同位素产品台账和放射源编码清单应当报国务院环境保护主管部门备案。

生产的放射源应当有明确标号和必要说明文件。其中，Ⅰ类、Ⅱ类、Ⅲ类放射源的标号应当刻制在放射源本体或者密封包壳体上，Ⅳ类、Ⅴ类放射源的标号应当记录在相应说明文件中。

国务院环境保护主管部门负责建立放射性同位素备案信息管理系统，与有关部门实行信息共享。

未列入产品台账的放射性同位素和未编码的放射源，不得出厂和销售。

【释义】 本条是对放射性同位素生产单位建立产品台账、放射源编码和备案的规定。

一、关于产品台账和放射源编码

放射性同位素的生产和进口是我国放射性同位素来源的两个“源头”，本条例第18条已规定国务院环境保护主管部门对放射性同位素进口实行统一审批，从进口的“源头”进行控制，对放射性同位素生产的“源头”管理将通过生产单位建立放射性同位素产品台账、按照国务院环境保护主管部门规定的编码规则对放射源进行统一编码，并定期将放射性同位素产品台账和放射源编码清单报国务院环境保护主管部门备案等措施，及时掌握和控制流入我国的放射性同位素底数或总量。

未列入台账的放射性同位素意味着该放射性同位素将不会进入国家放射性同位素备案信息系统，并将失去监管部门的监管控制；未被编码的放射源，将无法对该放射源实行“身份”管理，也不能进入备案信息系统。因此，未列入产品台账的放射性同位素和未编码的放射源，不得出厂和销售。

二、关于放射源的编码规则

放射源编码是确定放射源“身份”的号码，通过放射源编码，即可了解放射源的一些主要信息，如生产厂家（或生产国）、出厂年份、核素种类、放射源类别等，因此，对放射源实行编码管理是一种科学的管理方式。国务院环境保护主管部门在广泛调研的基础上，制定了统一的放射源编码规则，明确放射源编码由12位阿拉伯数字和英文字母组成：第1～2位是放射源生产厂家或生产国的代码，第3～4位是放射源的出厂年份，用年份后2位数字表示，第

5～6位是放射源的核素代码，第7～11位是全国放射源的排列号，第12位是放射源的类别。

三、关于放射源上标号或必要的说明文件

对进口的放射源要求有明确的标号或必要的说明文件，同样，国内生产的放射源也要在放射源的本体或包壳上刻制明确的标号，对于体积较小的Ⅳ、Ⅴ类放射源，在源的包壳上难以刻制标号，则应在放射源的出厂记录文件中给出标号。

四、关于放射性同位素备案信息系统

放射性同位素备案信息管理是一种科学的监管方式。可以快速提供放射性同位素的种类、数量、发布等十分重要的信息，同时也是各级监管部门实现信息交换的平台，因此，国家建立放射性同位素备案信息系统是十分必要的，作为放射性同位素与射线装置统一监管部门，是负责放射性同位素备案的机关，国务院环境保护主管部门理应负责建立国家放射性同位素备案信息系统，其数据资源可为其他承担相关职能的行业主管部门共享。

第二十三条 持有放射源的单位将废旧放射源交回生产单位、返回原出口方或者送交放射性废物集中贮存单位贮存的，应当在该活动完成之日起20日内向其所在地省、自治区、直辖市人民政府环境保护主管部门备案。

【释义】 本条是对废旧放射源处理后的备案的规定。

废旧放射源是指预期不再使用的或由于放射源的活度降低不再满足使用需要的放射源，但这些放射源仍然还有一定的放射性活度，甚至放射性活度还非常高，若管理不善，废旧放射源同样对人体和环境会造成严重的危害。目前国际上对废旧放射源的处理方法主要有：交回生产单位、返回原出口方或者送交放射性废物集中贮存单位贮存等。放射源持有单位无论采用哪种方式处理其废旧放射源，都应在规定的时间内向其所在地监管部门进行备案，一方面可以使监管部门及时掌握放射源的去向，更新放射源备案信息系统的数据；另一方面是废旧放射源持有单位尽快完成对废旧放射源应承担的安全和防护责任以及接受监督管理义务的转移。废旧放射源持有单位未按规定时间完成备案的，除将继续承担该废旧放射源的安全和防护责任外，还将接受监管部门依据条例第56条进行的处罚。

第二十四条 本条例施行前生产和进口的放射性同位素，由放射性同位素持有单位在本条例施行之日起6个月内，到其所在地省、自治区、直辖市人民政府环境保护主管部门办理备案手续，省、自治区、直辖市人民政府环境保护主管部门应当对放射源进行统一编码。

【释义】本条是对条例实施前生产和进口的放射性同位素的备案和编码的规定。

国家建立放射性同位素备案管理制度和对放射源实行统一编码，是针对所有在用放射源和将来新生产和进口的放射源，而不只是针对条例实施后的新放射源。为了解决现有在用放射源的备案和编码问题，本条例给出了6个月的期限，并由放射源持有单位所在地省级环保部门负责办理备案和对放射源进行统一编码，并将备案和放射源编码信息及时输入放射源备案信息系统中。这项工作其实在2004年“清查放射源、让百姓放心”专项行动中就已启动，各地已完成了绝大部分放射性同位素备案和放射源编码工作，但不排除还有部分放射性同位素未进行备案，在条例实施后，放射性同位素持有单位应在规定的时间内向所在地省级环保部门备案，超过期限不备案者，将由监管部门依法进行处罚。

第二十五条 使用放射性同位素的单位需要将放射性同位素转移到外省、自治区、直辖市使用的，应当持许可证复印件向使用地省、自治区、直辖市人民政府环境保护主管部门备案，并接受当地环境保护主管部门的监督管理。

【释义】本条是对放射性同位素转移到外省使用的备案的规定。

移动使用放射源的监督管理是世界各国普遍存在的难题，主要是移动式工业探伤设备和测井设备所含放射源，一般为Ⅱ类或Ⅲ类放射源，对人体和环境的潜在危害相对较大，若使用和保管不当，会导致人员受照或放射源丢失、被盗等重大或特别重大事故，这类事故在我国发生过多起。为了加强移动使用放射源的全程和动态监督管理，避免因移动到外省使用而出现的监管失控，减少事故的发生，持证单位应及时将移动放射源和设备的情况、使用地点、时间、使用方式等信息通告使用地的省级环保部门，并持许可证的复印件到使用地环保部门备案，同时在外省使用期间，要接受使用地县级以上环保部门的监督管理。

第二十六条 出口列入限制进出口目录的放射性同位素，应当提供进口方可以合法持有放射性同位素的证明材料，并由国务院环境保护主管部门依照有关法律和我国缔结或者参加的国际条约、协定的规定，办理有关手续。

出口放射性同位素应当遵守国家对外贸易的有关规定。

【释义】本条是对放射性同位素出口审批和要求的规定。

根据国际原子能机构《射源安全和保安行为准则》和《放射源的进口和出口导则》要求，放射源的出口国在决定是否批准放射源出口时，“应在实际可能的范围内确信进口国已经根据其国家法律和条例批准接受方接收和拥有该放射源”，并“在实际可能的范围内确信进口国具有《放射源安全和保安行为准则》所要求的技术和行政能力、资源及监管结构”。放射性同位素出口国有责任承诺回收其出口的放射性同位素，因此，在放射性同位素出口之前，由国家环保部门对其备案登记，便于出口的放射性同位素返回国内的审批。我国政府已书面承诺将遵守国际原子能机构的《射源安全和保安行为准则》和《放射源的进口和出口导则》，因此，放射性同位素出口单位在出口放射性同位素之前，应当提供进口方可以合法持有放射性同位素的证明材料，由国务院环境保护主管部门依照我国有关法律和国际原子能机构的导则进行审查，并出具相应的、可以合法出口放射性同位素的证明文件。除此之外，出口放射性同位素还应当遵守我国对外贸易的有关规定，办理出口的有关手续。

第三章　安全和防护

第二十七条　生产、销售、使用放射性同位素和射线装置的单位，应当对本单位的放射性同位素、射线装置的安全和防护工作负责，并依法对其造成的放射性危害承担责任。

生产放射性同位素的单位的行业主管部门，应当加强对生产单位安全和防护工作的管理，并定期对其执行法律、法规和国家标准的情况进行监督检查。

【释义】本条是对持证单位的责任和行业主管部门监督责任的规定。

第一，生产、销售、使用放射性同位素和射线装置的单位有责任通过事先采取严格的防范措施，预防发生可能导致放射性危害的各类事故，确保其活动对工作人员、公众和环境可能造成的放射性危害保持在合理可行低水平，确保任何个人受到的辐照剂量不超过国家规定的剂量限值。同时，对其造成的辐射事故承担相应的责任。

其因放射性危害所应承担的责任主要包括行政责任、民事责任和刑事责任三种。

1. 有关行政责任的规定：本条例从第 52 条至第 63 条列举有各类违法行为，由环保和其他相关部门依法给予相应的行政处罚，包括责令其停止违法行为、限期整改，并处以罚款、暂扣或吊销许可证等；

2. 有关民事责任的规定：本条例第 61 条第 2 款规定“因辐射事故造成他人损害的，应当依法承担民事责任”；

3. 有关刑事责任的规定：本条例第 54 条、第 55 条、第 60 条、第 61 条均规定“构成犯罪的，依法追究刑事责任”。

第二，生产放射性同位素单位的行业主管部门，作为本行业生产安全的主管部门，对所辖生产单位的安全和防护工作负有监督管理责任，理应定期对其执行法律、法规和国家标准的情况进行监督检查，促进生产单位安全和防护工作的管理水平。

第二十八条 生产、销售、使用放射性同位素和射线装置的单位，应当对直接从事生产、销售、使用活动的工作人员进行安全和防护知识教育培训，并进行考核；考核不合格的，不得上岗。

辐射安全关键岗位应当由注册核安全工程师担任。辐射安全关键岗位名录由国务院环境保护主管部门商国务院有关部门制定并公布。

【释义】本条是对持证单位人员资质要求的规定。

为了尽量减小因工作人员的人为因素造成的工作人员、公众和环境受放射性危害的可能性，生产、销售、使用放射性同位素与射线装置单位应当保证本单位所有安全与防护相关人员均经适当培训、考核取得相应的资格；并根据工作需要定期安排再培训，保证工作人员达到所需要的水平。

工作人员的安全与防护培训内容和考核大纲由国务院有关机构统一制定。培训机构由国务院有关机构考核合格后，承担相关的培训服务。培训机构名单将定期在公开媒体上公布。

生产、使用风险较大的放射性同位素、放射源和射线装置的单位，其辐射安全关键岗位应当由国家统一实施资质管理的注册核安全工程师担任，以保证国家辐射环境安全和公众健康。注册核安全工程师是国家为了提高核安全专业人员素质，规范核安全关键岗位的管理，确保核与辐射环境安全，维护国家和公众的利益，对在核能和核技术应用及核安全提供技术服务的单位中从事核安全关键岗位工作的专业人员实行执业资格的制度，由国家人事部统一规划管理。注册核安全工程师资格的取得和管理按人事部和国家环保总局颁布的《注册核安全工程师执业资格制度暂行规定》执行。注册核安全工程师的资质，是在相应工作岗位上，拥有一定资历的技术人员，参加国家组织的统一考试合格后，取得相应资格，并进行注册登记才能获得。该制度具体的实施由国家人事部和国家环保总局共同负责。辐射安全关键岗位具体名录由国务院环境保护主管部门商国务院有关部门制定并公布。

第二十九条 生产、销售、使用放射性同位素和射线装置的单位，应当严格按照国家关于个人剂量监测和健康管理的规定，对直接从事生产、销售、使用活动的工作人员进行个人剂量监测和职业健康检查，建立个人剂量档案和职业健康监护档案。

【释义】本条是对工作人员个人剂量和职业监护的规定。

《电离辐射防护与辐射源安全基本标准》（GB 18871—2002）规定：应对

任何工作人员的职业照射水平进行控制，使之不超过下述限值：①由审管部门决定的连续5年的年平均有效剂量（但不可作任何追溯性平均），20 mSv；②任何一年中的有效剂量，50 mSv；③眼晶体的年当量剂量，150 mSv；④四肢（手和足）或皮肤的年当量剂量，500 mSv。为保证工作人员职业照射水平不超过上述国家标准控制限值，对直接从事生产、销售、使用活动的工作人员均应进行个人剂量监测，具体来说，对于任何在控制区工作的工作人员，或有时进入控制区工作并可能受到显著职业照射的工作人员，或其职业照射剂量可能大于500 mSv/a的工作人员，必须进行个人剂量监测。同时，生产、销售、使用放射性同位素与射线装置的单位必须为每一位工作人员都保存职业照射记录，记录保存时限为在工作人员年满75岁之前或工作人员停止辐射工作后30年。

《职业病防治法》规定：企业、事业单位和个体经济组织（以下统称用人单位）的劳动者在职业活动中，因接触粉尘、放射性物质和其他有毒、有害物质等因素而引起的疾病称职业病。对从事接触职业病危害的作业的劳动者，用人单位应当按照国务院卫生行政部门的规定组织上岗前、在岗期间和离岗时的职业健康检查，并将检查结果如实告知劳动者。用人单位应当为劳动者建立职业健康监护档案，并按照规定的期限妥善保存。

第三十条 生产、销售、使用放射性同位素和射线装置的单位，应当对本单位的放射性同位素、射线装置的安全和防护状况进行年度评估。发现安全隐患的，应当立即进行整改。

【释义】本条是对持证单位辐射安全和防护状况年度评估的规定。

我国政府承诺执行的国际原子能机构《放射源安全和保安行为准则》基本原则中要求：每一国家应制定法律和条例，提出有关通过安全和保安评定、监督和核实遵章情况以及保持适当的记录对放射源的安全和保安进行核实的要求。ISO 9000和ISO 14000也都非常强调自我评估、自我审核的重要性，认为自我审核重于外部监督。

生产、销售、使用放射性同位素与射线装置的单位，应当从保障工作人员、公众健康和环境安全的高度，充分认识到搞好放射源安全的社会责任。自我评估是目前国际社会公认的一种很好的安全管理措施。定期认真地对本单位放射性同位素、射线装置的安全和防护措施、设施的安全防护效果进行检测或者检查，核实各项管理制度的执行情况、执业人员的剂量监测和健康检查情况，确认放射性废物的处理、闲置废弃放射源的贮存、处置的合理有效。对发现的安全隐患，必须及时整改，避免事故的发生。同时还要将年度评估报告上报许可证审批机关备案，接受行政机关的监督检查。

不同设施、不同类型辐射工作单位的辐射安全与防护状况年度评估报告的格式与内容由国务院环境保护主管部门制定。

第三十一条 生产、销售、使用放射性同位素和射线装置的单位需要终止的，应当事先对本单位的放射性同位素和放射性废物进行清理登记，作出妥善处理，不得留有安全隐患。生产、销售、使用放射性同位素和射线装置的单位发生变更的，由变更后的单位承担处理责任。变更前当事人对此另有约定的，从其约定；但是，约定中不得免除当事人的处理义务。

在本条例施行前已经终止的生产、销售、使用放射性同位素和射线装置的单位，其未安全处理的废旧放射源和放射性废物，由所在地省、自治区、直辖市人民政府环境保护主管部门提出处理方案，及时进行处理。所需经费由省级以上人民政府承担。

【释义】本条是对持证单位终止和变更所从事活动前处理放射性同位素和放射性废物的规定。

我国每年平均发生约二三十起辐射事故，绝大多数都是闲置、废弃、无主放射源的丢失、被盗事故。加强闲置、废弃放射性同位素和放射性废物的管理，尤其是加强终止和变更相关工作单位对放射性同位素和放射性废物的管理，避免其脱离监管范围流入社会，形成安全隐患，是降低辐射事故发生率、保障社会稳定，降低社会危害的重要手段。

放射性同位素和放射性废物，不能因辐射工作单位转产、停产、停业、解散、破产或变更等因素处于失控状态，流入社会，从而导致环境恶化、加大公众健康风险，增加社会的管理成本。为此，本条对持证单位的注销做了前提规定。

第一，生产、销售、使用放射性同位素与射线装置的单位需要终止的，应当事先对本单位的放射性同位素和放射性废物进行清理登记，作出妥善处理：放射性同位素可以转让的，签订转让协议，并向省级环保部门提出申请，经批准后可以转给另一个持有相应许可证的单位；销售时签有返还合同的Ⅰ、Ⅱ、Ⅲ类放射源及时返还生产厂家或原出口国；其他放射性同位素和放射性废物进行包装整备后送交有相应资质的放射性废物集中贮存单位贮存；可能会导致环境污染的放射性同位素使用场所和生产放射性同位素的场所，以及运行时产生放射性污染的射线装置，还应当依法实施退役，不得留有事故隐患。相关处理处置工作完成后，方可申请注销许可证，许可证注销前不免除其对本单位放射性同位素和放射性废物的处理责任。

第二，生产、销售、使用放射性同位素与射线装置的单位发生法人、单位名称、单位性质、单位破产重组等变更的，由变更后的单位承担放射性同位素和放射性废物的处理责任。如果变更前当事人对此另有约定的，按其约定可由变更前或变更后的单位单独或共同负责处理；但是，约定中不得免除当事人的处理义务。如果约定中免除双方当事人的处理义务，使放射性同位素和放射性废物变成无责任单位，则该约定无效，处理责任仍由变更后的单位承担。

第三，在本条例施行前已经终止的生产、销售、使用放射性同位素和射线装置的单位，其未安全处理的废旧放射源和放射性废物，由所在地省、自治区、直辖市人民政府环境保护主管部门提出处理方案，及时进行处理。所需经费由省级以上人民政府承担。

第三十二条 生产、进口放射源的单位销售Ⅰ类、Ⅱ类、Ⅲ类放射源给其他单位使用的，应当与使用放射源的单位签订废旧放射源返回协议；使用放射源的单位应当按照废旧放射源返回协议规定将废旧放射源交回生产单位或者返回原出口方。确实无法交回生产单位或者返回原出口方的，送交有相应资质的放射性废物集中贮存单位贮存。

使用放射源的单位应当按照国务院环境保护主管部门的规定，将Ⅳ类、Ⅴ类废旧放射源进行包装整备后送交有相应资质的放射性废物集中贮存单位贮存。

【释义】 本条是对处理废旧放射源的规定。

废旧放射源是指不打算用于其初始目的的放射源，并不意味着一定是废物，只有预期没有使用用途、不能回收利用的废旧放射源才应作为废物送交经许可、有相应资质的放射性废物集中贮存单位进行暂存、处置，而具有回收利用价值的废旧放射源应当按销售时的合同条款交回生产单位，或返回原生产国，由其进行回收利用，以体现“废物减量化”的要求。

有些放射源由于各种原因退役而处于闲置状态，据不完全统计，我国目前闲置放射源有上万枚，这些闲置放射源如果全部当作废弃放射源处理，会给废源的贮存和处置带来一定压力，同时也是一种巨大的浪费。实际上很多废旧放射源是可以再利用的，如骨密度仪中使用的镅－241低能光子源，闲置后可用于测厚仪；湿、密度仪中使用的镅－铍中子源、料位计中使用的铯－137伽马源退役后可返回生产厂家，经检测满足安全要求的可以继续使用。对闲置放射源应坚持“减量化、再使用、再循环”的原则，鼓励支持用户将闲置的放射源返回生产厂家再利用。

生产放射源的单位具有对废旧放射源进行再处理的能力，对放射源贮存管理的设施、设备较为齐备，技术力量相对较强，管理经验也较为丰富，对其售出的放射源，应按照购买方的要求，在放射源退役后予以回收，并应该尽量对回收的废旧放射源进行再利用，对没有再利用价值的废旧放射源要进行妥善包装后在专门的贮存设施中暂存，暂存期满后送交处置场处置。

根据《放射性污染防治法》“核技术利用单位应尽量减少放射性废物的产生量”和“禁止将放射性废物输入我国境内”的要求，以及国际上通行做法，进口的Ⅰ类、Ⅱ类、Ⅲ类放射源时，进口方必须与出口国同时签订废旧放射源返回合同。国家在放射源进口审批时，亦要求使用放射源的单位应当按照合同规定将废旧放射源返回原出口方。

对于危险系数小、再利用价值低的Ⅳ类、Ⅴ类废旧放射源，可以进行包装整备后送交所在地有相应资质的放射性废物集中贮存单位贮存，贮存期满后统一送放射性废物处置库永久处置，以减轻放射源运输、管理的负担。

《放射性污染防治法》规定：设立专门从事放射性固体废物贮存、处置的单位，必须经国务院环境保护主管部门审查批准，取得许可证。禁止将放射性固体废物提供或者委托给无许可证的单位贮存和处置。

放射源的返回或送交放射性废物集中贮存单位按放射源转移要求进行备案管理。

第三十三条 使用Ⅰ类、Ⅱ类、Ⅲ类放射源的场所和生产放射性同位素的场所，以及终结运行后产生放射性污染的射线装置，应当依法实施退役。

【释义】本条是对工作场所及射线装置退役的规定。

退役是指为部分或全部解除监管控制而采取的拆除、去污、整备等一系列行动，其最终目标是将所有放射性物质移走或包封，从而无限制地开放或使用该场址。放射性同位素与射线装置的生产、销售、使用终结运行时，可能存在放射性污染，需进行特别处理。需要进行处理的有：废弃放射性同位素、放射性废物、放射性同位素的生产场所、某些放射性同位素的使用场所和产生了放射性污染的射线装置，除条例第 32 条规定对废弃放射性同位素和放射性废物应作返回或送贮处理外，放射性同位素的生产场所、某些放射性同位素的使用场所和产生了放射性污染的射线装置应实施退役，以彻底消除放射性污染，达到无限制地开放或使用该场址的要求。

场所和装置实施退役前，应编制退役环境影响评价文件报省级环境保护主管部门审批。项目退役后经环境保护主管部门竣工验收合格，退役单位方可申请注销许可证。

第三十四条 生产、销售、使用、贮存放射性同位素和射线装置的场所，应当按照国家有关规定设置明显的放射性标志，其入口处应当按照国家有关安全和防护标准的要求，设置安全和防护设施以及必要的防护安全联锁、报警装置或者工作信号。射线装置的生产调试和使用场所，应当具有防止误操作、防止工作人员和公众受到意外照射的安全措施。

放射性同位素的包装容器、含放射性同位素的设备和射线装置，应当设置明显的放射性标志和中文警示说明；放射源上能够设置放射性标志的，应当一并设置。运输放射性同位素和含放射源的射线装置的工具，应当按照国家有关规定设置明显的放射性标志或者显示危险信号。

【释义】本条是对设置放射性标志和警示说明的规定。

第一，放射性既看不见也摸不着。公众不易识别和了解，而危险性高，社会敏感性强，有必要采取更为严格的安全防护措施，使公众明确了解所处环境，自觉采取安全防护措施，避免因不知情而造成的放射性污染损害。

第二，明显的放射性标志和中文警示说明，主要是指标志和说明应规范、颜色应鲜艳，所处位置应合适，一目了然，便于公众及时了解情况、掌握有关信息。《电离辐射防护及辐射源安全基本标准》（GB 18871—2002）对放射性标志和警示标志有明确规定，放射性标志如图 1 所示，是以圆点为中心，角度各为 60°的三叶形黑色图形标识；放射性的警示标志如图 2 所示，其背景为黄色，正三角形边框及电离辐射标志图形均为黑色，“当心电离辐射”用黑色粗线体字，其含义是使人们注意可能受到射线照射的危险。

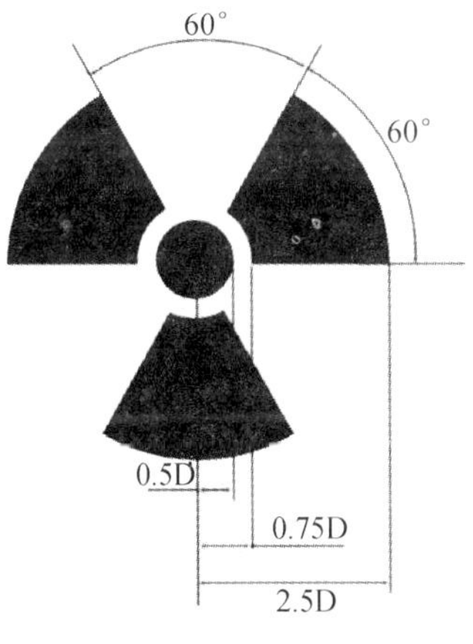

图 1　电离辐射标志

图 2　电离辐射警告标志

第三，下列设备和场所按规定设置放射性警示标志：

1. 放射性同位素的包装容器、含放射性同位素的设备和射线装置，应当贴有电离辐射标志和警示标志；

2. 放射性同位素的储存场所醒目处，应当设置电离辐射警示标志；

3. 放射工作场所出入口，应当设置电离辐射警示标志；

4. 在室外、野外从事放射工作及其野外作业放射性同位素临时储存场所应当划出安全防护区域，设置电离辐射警示标志，必要时，设专人警戒；

5. 开放型放射工作场所按有关标准分为控制区、监督区时，可采用国际通用颜色（红、黄）作为工作区域标志；控制区进出口及其他适当位置应设置电离辐射警示标志；

6. 放射性同位素和含放射源的射线装置的运输工具的醒目处应设置电离辐射警示标志；

7. 一般的放射源个体都比较小，近距离操作危险性较大，但如果有可能，仍应在放射源或者固定的附件上设置放射性标志。

第四，除从提高人员素质、加强管理来强化放射性的安全与防护外，必要的安全与防护硬件设施是必不可少的重要手段。放射性工作场所入口处应当按照国家安全和防护标准的要求设置安全和防护设施以及必要的防护安全联锁、报警装置或者工作信号。如辐射加工装置、加速器、工业探伤、钴－60治疗装置等工作场所，应当设有多种联锁和应急停机装置，并做到一种联锁装置发生故障时，其余联锁装置仍能正常工作。存在放射性危害的射线装置的生产调试和使用场所，应当具备防止误操作、防止工作人员和公众受到意外照射的安全措施。

第三十五条 放射性同位素应当单独存放，不得与易燃、易爆、腐蚀性物品等一起存放，并指定专人负责保管。贮存、领取、使用、归还放射性同位素时，应当进行登记、检查，做到账物相符。对放射性同位素贮存场所应当采取防火、防水、防盗、防丢失、防破坏、防射线泄漏的安全措施。

对放射源还应当根据其潜在危害的大小，建立相应的多层防护和安全措施，并对可移动的放射源定期进行盘存，确保其处于指定位置，具有可靠的安全保障。

【释义】 本条是对放射性同位素安全存放的规定。

一、放射性同位素的存放要求

放射性同位素是特殊的危险物品，一旦遭到破坏、发生泄漏或者丢失，就可能造成环境放射性污染，引起社会恐慌。参照《危险化学品安全管理条例》中对危险品存放应“专门场所、专人管理、核查登记、定期检查”的要求，对放射性同位素的存放要求满足下列条件：

1. 专人负责保管。强化管理者的责任意识，对放射性同位素的进出库登记进行检查，定期地对储存库内可移动的放射源进行清点登记，并与进出库记录核对，保障放射源始终处于管理者有效的控制之下；

2. 单独存放。尤其不得与易燃、易爆、腐蚀物品等一起存放，以免因燃烧、爆炸、腐蚀等原因造成放射性同位素的失控，形成放射性污染；

3. 存放场所符合要求。存放放射性同位素的场所应根据国家相关标准要求，采取防火、防水、防盗、防丢失、防破坏、防射线泄漏的安全措施，并安装相应的报警装置，避免因火、水、盗、丢失、破坏、泄漏等原因造成辐射事故和环境污染；

4. 严格管理。有完善的放射性同位素贮存、领取、使用、归还登记和检查制度，做到交接账目清楚、账物相符，记录资料完整。

二、定期盘存制度

应当根据放射源潜在危害的大小不同，分别建立适当的、有效的多层防护和安全措施，具体要求参照不同的国家标准规定。对可移动的放射源应建立经常性的定期盘存制度，清查放射源的数目是否与记录相符，确保其处于指定位置，且具有可靠的安全保障，预防辐射事故的发生。以便一旦发生放射性同位素的丢失、被盗，能及早发现、处理。

第三十六条 在室外、野外使用放射性同位素和射线装置的，应当按照国家安全和防护标准的要求划出安全防护区域，设置明显的放射性标志，必要时设专人警戒。

在野外进行放射性同位素示踪试验的，应当经省级以上人民政府环境保护主管部门商同级有关部门批准方可进行。

【释义】 本条是对野外使用放射性同位素和射线装置以及野外开展放射性同位素示踪试验的规定。

为了便于辐射防护管理和职业照射控制，应把辐射工作场所分为控制区和监督区，一般应采用实体边界划定控制区，在控制区的进出口及其他适当位置设立醒目的放射性警告标志，严格控制人员的进出。在室外、野外使用放射性同位素与射线装置，无法采用实体边界划定控制区的，应按照国家相关标准要求确定控制区和监督区范围，采用绳索、链条和类似的方法划出控制区，在其边界悬挂清晰可见的“禁止进入放射性工作场所”的警示标志，任何人员未经许可不得进入，必要时设专人警戒管理。监督区设在控制区外，允许有关工作人员在此区活动，培训人员或探访者也可进入该区域，边界处应有“当心电离辐射”警示标志，公众不得进入该区域。

放射性同位素示踪试验是利用放射性核素作为示踪剂对研究对象进行标记的分析方法，具有常规化学分析无法比拟的极高探测灵敏度。利用微量放射性同位素动态追踪物质的运动规律是放射性示踪特有的优势，目前，这一技术已广泛应用于石油、化工、冶金、水利水文等部门。在野外进行放射性同位素示踪试验，因其可能在大气或者水体中进行，涉及的环境影响面大，在开展放射性同位素示踪试验的单位应在试验前编制环境影响评价文件报所在地省级环境保护主管部门审批，涉及跨省试验的，须报国务院环境保护主管部门审批。环境保护主管部门在审批时，应视项目涉及情况商同级有关部门，如书面征求相关部门意见等。

第三十七条 辐射防护器材、含放射性同位素的设备和射线装置，以及含有放射性物质的产品和伴有产生X射线的电器产品，应当符合辐射防护要求。不合格的产品不得出厂和销售。

【释义】 本条是对辐射防护器材以及含放射性产品的辐射防护要求的规定。

辐射防护器材，是指用于对电离辐射进行屏蔽防护的材料以及用屏蔽材料制成的各种防护器械、装置，部件、用品、制品和设施，包括铅胶衣等个人防护用品；铅玻璃、铅板、复合防护材料等射线屏蔽材料；放射源屏蔽罐、换源器、运输容器等。

含放射性同位素的设备和射线装置，指含放射源或非密封放射性物质的仪器设备和射线装置，以及X线机、加速器、中子发生器等不含放射性同位素的射线装置。

含有放射性物质的产品，是指因功能或制造工艺需要将少量放射性物质加入其中，或以密封源形式装配在内，或因所采用的原材料与生产工艺而具有一定放射性比活度的产品，如烟雾探测器、荧光度盘、离子发生管、磷肥及附加有放射性物质的建筑装饰材料等。

伴有产生X射线的电器产品，是指使用该电器时伴生有产品功能所不需要的X射线的电器产品，不包括电视机、计算机终端设备。

为了从源头控制不符合辐射防护要求的产品流入社会，在人们不知不觉中受到健康危害，生产单位首次生产辐射防护器材或者含放射性产品的，应当进行辐射防护达标状况检测。

未经有相应资质的检测部门检测或者经检测不符合国家相关标准中有关辐射防护要求的辐射防护器材与含放射性产品，不得进口、生产和销售。

第三十八条 使用放射性同位素和射线装置进行放射诊疗的医疗卫生机构，应当依据国务院卫生主管部门有关规定和国家标准，制定与本单位从事的诊疗项目相适应的质量保证方案，遵守质量保证监测规范，按照医疗照射正当化和辐射防护最优化的原则，避免一切不必要的照射，并事先告知患者和受检者辐射对健康的潜在影响。

【释义】 本条是对医疗机构质量保证的规定。

据联合国原子辐射效应科学委员会最新报告，医疗照射已成为公众所受电离辐射照射的最大人工来源。使用放射性同位素与射线装置进行放射诊疗的医疗卫生机构必须保证受检者和患者的辐射安全，按照国务院卫生主管部门的有关规定，根据医疗照射正当化和医疗照射防护最优化的原则，依照《电离辐射防护与辐射源安全基本标准》等有关标准，制定与本单位从事的诊疗项目相适应的全面的医疗照射质量保证方案。方案制定时应邀请诸如放射物理学、放射药物学等有关领域的合格专家参加。医疗照射质量保证方案至少应包括以下内容：

1. 对辐射发生器、显像设备和辐照装置等物理参数的测定（包括调试时的测量和调试后的定期测量）；

2. 对患者诊断和治疗中所使用的有关物理量及临床方案的验证；

3. 有关程序和结果的书面记录；

4. 开展放射治疗照射剂量的测定、监测仪器的校准及工作条件的验证；

5. 对放射治疗质量保证方案进行定期的、独立的质量审核与评审。

使用放射性同位素与射线装置进行放射诊疗的医疗卫生机构，应充分重视患者和受检者的防护，严格掌握各种医疗照射的适应证，避免患者的不必要照射。在必须采用射线进行诊断或者治疗时，要尽量将医用辐射源工作条件调节到最优化状态，选择最佳方法，将射线剂量合理降到最低水平。

实施放射诊疗的医疗机构须如实告知患者和受检者接受的放射诊断和放射治疗的潜在危害。

第三十九条　金属冶炼厂回收冶炼废旧金属时，应当采取必要的监测措施，防止放射性物质熔入产品中。监测中发现问题的，应当及时通知所在地设区的市级以上人民政府环境保护主管部门。

【释义】本条是对金属冶炼厂防止放射性物质污染产品的规定。

绝大多数丢失、被盗的放射源的最终去向都是有回收冶炼废旧金属能力的金属冶炼厂，如果不能采取有效的监测措施在冶炼前及时发现废旧金属中夹带的放射源，使其熔入金属产品中，必将造成较大范围的放射性污染，并通过产品流入社会，造成环境污染和公众健康的损害。也可能由此增加了放射性废物量。

金属冶炼厂应安装在线自动监控设备或按批次对回收的废旧金属逐一进行放射性监测，以确保放射性物质不会熔入产品中。在监测中发现问题的，应立即采取妥善处理措施，防止事故的发生，并及时向当地设区的市级以上人民政府环境保护主管部门报告。同时，也应尽快与当地承担放射性废物收贮职能的省级辐射环境监督站取得联系，使废旧金属中夹带的放射性物质得到安全、妥善的处理。

第四章 辐射事故应急处理

第四十条 根据辐射事故的性质、严重程度、可控性和影响范围等因素，从重到轻将辐射事故分为特别重大辐射事故、重大辐射事故、较大辐射事故和一般辐射事故四个等级。

特别重大辐射事故，是指Ⅰ类、Ⅱ类放射源丢失、被盗、失控造成大范围严重辐射污染后果，或者放射性同位素和射线装置失控导致3人以上（含3人）急性死亡。

重大辐射事故，是指Ⅰ类、Ⅱ类放射源丢失、被盗、失控，或者放射性同位素和射线装置失控导致2人以下（含2人）急性死亡或者10人以上（含10人）急性重度放射病、局部器官残疾。

较大辐射事故，是指Ⅲ类放射源丢失、被盗、失控，或者放射性同位素和射线装置失控导致9人以下（含9人）急性重度放射病、局部器官残疾。

一般辐射事故，是指Ⅳ类、Ⅴ类放射源丢失、被盗、失控，或者放射性同位素和射线装置失控导致人员受到超过年剂量限值的照射。

【释义】 本条是对辐射事故分级的规定。

第一，我国有文字记载的最早一次辐射事故是发生在1954年，福州协和医院的一名护士用血管钳夹持镭针进行穿线时，不慎，一支1.22×10^{8} Bq的镭针掉到地上，当时护士用肉眼寻找未果，10年后省成立放射防护机构后再找也未找到。从全国来看，20世纪50年代我国核技术应用刚刚起步，事故不多。1958—1978年的20年中，我国核技术的生产和应用由发展走向低谷，时起时伏，发生的事故也经常在每年25起左右。70年代末期至80年代，全国核技术的发展与日俱增，例如辐照装置全国除西藏和青海两省（自治区）尚未建立外，其他省（自治区、直辖市）都有。然而，由于安全防护措施没能跟上而使事故也有明显增长，年平均约45起，1986年多达70起。1988—1998年的11年里，全国发生各类辐射性事故共332起，平均每年30起，最多的年份为1993年，共44起，最少的为1995年，共18起。早期30多年中的事故，按那时的事故规定分为特大事故、重大事故和一般事故。在能确定等级的986起事故中，特大事故98起，占全部事故的9.9%；重大事故333起，占33.8%；一般事故555起，占56.3%。1988年后的事故分四级，按辐射危害程度由轻到重，分为辐射事件、一级事故、二级事故和三级事故。1988—1998年，事故级别主要集中在一级和二级，占全部事故的85%以上，辐射事件占5%，三级事故约占10%。统计表明，两个不同时期的事故级别分布基本相同。三级事故虽占比例较小，但这些事故中有些造成人员严重伤害或死亡，经济损失巨大。

辐射事故带来很大的经济损失和健康损害，从事故中总结、吸取经验教训，以减少同类事故的发生，这在我国是一直认真做着的。经验表明，事故的分级是对事故进行管理和吸取教训的基础。

第二，本条例对事故的分级没再采用以往用失控放射源的放射性活度和人员受到的辐射剂量来表示，而是改用了比较容易理解的放射源的类别（即本条例第 4 条规定的 Ⅰ 类、Ⅱ 类、Ⅲ 类、Ⅳ 类、Ⅴ 类源）和人员受到辐射照射后的辐射效应（急性死亡、急性重度放射病、局部器官残疾）表示。但对于失控的Ⅳ类、Ⅴ类源，由于一般不可能造成严重伤害，它们的危害方式主要表现为受害者受到了一定量的辐射照射，所以一般辐射事故用超过年剂量限值来表示。

严格来说，辐射源的类别完全依赖于放射性活度，而它又是在放射源的应用过程中不断减少的，所以源的类别也应随之改变（级别降低）。但是，各种使用形式的放射源基本属一个固定的类型（例如工业探伤用的放射源属于Ⅱ类，固定工业测量仪属Ⅲ类，湿度/密度计属Ⅳ类、穆斯堡尔谱仪属Ⅴ类等）。所以，只要知道失控放射源的用途，基本上就可以判定发生了何种等级的事故。当然，确定事故的最终等级还需要对放射源的放射性活度作最后判定，因为有时实际使用源的放射性活度可能已很小，从而事故也可能被降级。

由于对辐射伤害程度的判定和救治，需要一定的专门知识和技术，所以正如第 45 条所规定的，可能受到辐射伤害的人员应送至当地卫生主管部门指定的医院或者有条件救治辐射损伤病人的医院。对此，负责全国核事故和辐射事故医学应急的卫生主管部门已经成立了“全国核事故和放射事故医学应急中心”，并在全国确定了多个医学救治分部。有条件救治辐射损伤病人的医院，应该具有相应的放射病诊断和治疗医师及医疗设备，如放射治疗专业医师、超洁净病房等，并应争取取得“指定医院”的资格。所以，有关受辐射照射人员的急性死亡、急性重度放射病和局部器官残疾的结论应由授权的医疗机构诊断确定。受照射人员受照剂量的确定（测量或估算），需要一定的专门知识和技术，所以受照剂量的最终认定单位也应是由环境保护主管部门授予资格的。

第三，放射源丢失、被盗，不论是否日后被追回都应按事故处理。放射源失控是指放射源的安全不能得到有效保护，它的辐射存在伤害人员（包括源的密封性严重破坏）的可能性。当这种伤害人员的可能性明显存在，这时该源项就应按事故论处，直到伤害人员的可能性消除为止。该类情况很多，例如上述丢失、被盗后放射源就已处在失控状态。此外，又如放射源使用或贮存时防护屏蔽失效（或被破坏或明显减弱），或密封性严重丧失等。关于造成大范围严重辐射污染的问题，本条例没有给出放射性污染范围和污染程度的定量概念，但是联系到对放射源分类时所考虑的原则，由于污染，需要去污区域的范围虽然取决于许多因素（包括源的类型和大小，是否散开或怎样散开，以及气象条件），可对Ⅰ类源，去污区域可能达到1平方公里或更大，但几乎不可能将公共补给水源污染到危险水平；对Ⅱ类源去污区域不可能超过1平方公里，也根本不可能将公共补给水源污染到危险水平。所以，这里的“大范围严重辐射污染”，可以按约1平方公里来考虑。

对于“急性死亡”，辐射引起的死亡不同于一般的伤亡、电击与中毒等的死亡。辐射引起的死亡，即使受照剂量很大，其发病过程也要经过如潜伏期、假愈期、发病期和抢救期等阶段，因此，从受照到死亡往往也在10多天，有时长达100余天，特别是当今医学抢救技术多样而有效，这个时间可能更长。但是，只要受照剂量不达到致死程度，受照人员总是可以被治愈并出院的。所以，人员受到大剂量照射后，当被授权的医疗机构诊断确定为病愈并出院后，就可以排除“急性死亡”。对于致残，主要是指个别器官受到大剂量照射后可能要被截去而成残废，并影响正常生活。其因截去而致残的项目和排除截除的时间都应由授权的医疗机构诊断确定。特别重大辐射事故的急性死亡（不论是放射性同位素或射线装置引起的）人数确定为3人以上（含3人），是根据“国家突发事件应急预案”（国务院11号文〔2004年12月〕）中有关突发公共安全事件分类制定的，并取了其中最低的数值。这样可以保持“核工业是最安全的行业之一”的良好声誉。

第四，Ⅰ类、Ⅱ类放射源丢失、被盗、失控，没有造成大面积污染，但有可能导致急性死亡或急性重度放射病、局部器官残疾。所以，将该两类源的丢失、被盗、失控，与放射性同位素或射线装置失控导致的2人以下（含2人）急性死亡或者10人以上（含10人）急性重度放射病、局部器官残疾的重大辐射事故划在同一等级。对于丢失、被盗、失控的Ⅰ类、Ⅱ类放射源如果很快找回和得到控制，没有造成严重辐射后果的事故，定为较大辐射事故。

Ⅲ类放射源丢失、被盗、失控，不会造成严重污染，一般也不会导致人员死亡，但能造成急性重度放射病、局部器官残疾。所以该类源的丢失、被盗、失控视同放射性同位素与射线装置失控导致9人以下（含9人）急性重度放射病、局部器官残疾一样定为较大辐射事故。但对于丢失、被盗、失控的Ⅲ类放射源如果很快找回和得到控制，没有造成严重辐射后果的事故，定为一般辐射事故。

Ⅳ类放射源不大可能造成永久性损伤，Ⅴ类放射源不会对任何人造成永久性损伤，所以将这两类放射源的丢失、被盗、失控，视同放射性同位素与射线装置失控导致人员受超过年剂量限值照射的一般辐射事故。

第四十一条 县级以上人民政府环境保护主管部门应当会同同级公安、卫生、财政等部门编制辐射事故应急预案，报本级人民政府批准。辐射事故应急预案应当包括下列内容：

（一）应急机构和职责分工；

（二）应急人员的组织、培训以及应急和救助的装备、资金、物资准备；

（三）辐射事故分级与应急响应措施；

（四）辐射事故调查、报告和处理程序。

生产、销售、使用放射性同位素和射线装置的单位，应当根据可能发生的辐射事故的风险，制定本单位的应急方案，做好应急准备。

【释义】本条是对有关监管部门和辐射工作单位编制应急预案的规定。

第一，辐射事故应急预案是减轻辐射事故人身伤害和经济损失的重要措施，也是维护社会安定团结、经济稳步发展所不可缺少的举措之一。此项“预案”应由县级（含县级）以上人民政府的环境保护主管部门牵头，会同同级公安、卫生和财政等部门联合编制，即县级、地（市）级和省级都应有相应的“预案”。并且，它们要与本辖区内放射源和射线装置使用的规模及类型相适应。例如，有的辖区建有辐照装置或中高能加速器，则负责对其监督的省或地（市）制订的“预案”除了应有适应于其他各类型的放射源和射线装置的辐射事故应急措施外，特别应包括适应于处理事故后果往往比较严重的辐照装置或中高能加速器辐射事故的相关内容。很多县只有Ⅳ类、Ⅴ类放射源和X射线机，那么他们制定的“预案”只要针对Ⅳ类、Ⅴ类放射源和X射线机就可以了，由于Ⅳ、Ⅴ类放射源的危害性很小，因此有关响应行动将限制在非常小的范围。为了确保“预案”在实施时的合法性和有效性，联合编制的“预案”应由本级人民政府批准，并采用适当的形式向公众颁布或内部发文。

第二，“预案”中有关应急措施和准备应有效、可行，除了环境保护主管部门负牵头、协调等总的责任外，对丢失、被盗、失控放射源的追缴和处理，辐射受伤害人员的诊断与救治，由卫生主管部门负责，财政主管部门应在实施应急方案时所需的经费上给予安排与保证。

第三，关于“预案”的内容，应该尽可能全面、具体、细化，提高可操作性，又要针对风险和本区的具体情况，防止应急扩大化。各级人民政府批准的“预案”，应明确环保、公安、卫生和财政各主管部门的职责。同时，相关部门所需要的与应急有关的人员组织与培训、应急救援装备和物资，以及响应措施等安排都应在各自的应急预案中得到体现。辐射事故的分级、原因调查及报告等工作，主要由环境保护主管部门负责，公安、卫生和财政各主管部门予以配合。

“预案”的主要内容应结合相关部门职能、分工和主要任务。公安部门的主要职能是追缴丢失被盗的放射源，协助查清事故原因；卫生主管部门的主要任务的做好受照人员的体检、救治和医学善后工作；财政部门则要在财政经费方面给予安排与保证。环境保护主管部门要负责协调明确各部门的职责与任务，并对“预案”内容的全面性、有效性负总的责任。

辐射工作单位是防止发生事故的主体，也是处理辐射事故和减少事故损失的主要责任人。所以辐射工作单位的“预案”，其内容更应当全面、具体，可操作性强。所有“预案”都应根据本辖区或本单位可能的事故类型与级别分若干级（类型），直至适合于本辖区或本单位风险最严重的事故级别。

第四十二条 发生辐射事故时，生产、销售、使用放射性同位素和射线装置的单位应当立即启动本单位的应急方案，采取应急措施，并立即向当地环境保护主管部门、公安部门、卫生主管部门报告。

环境保护主管部门、公安部门、卫生主管部门接到辐射事故报告后，应当立即派人赶赴现场，进行现场调查，采取有效措施，控制并消除事故影响，同时将辐射事故信息报告本级人民政府和上级人民政府环境保护主管部门、公安部门、卫生主管部门。

县级以上地方人民政府及其有关部门接到辐射事故报告后，应当按照事故分级报告的规定及时将辐射事故信息报告上级人民政府及其有关部门。发生特别重大辐射事故和重大辐射事故后，事故发生地省、自治区、直辖市人民政府和国务院有关部门应当在 4 小时内报告国务院；特殊情况下，事故发生地人民政府及其有关部门可以直接向国务院报告，并同时报告上级人民政府及其有关部门。

禁止缓报、瞒报、谎报或者漏报辐射事故。

【释义】 本条是对辐射事故报告和应急处理的规定。

第一，发生辐射事故后，辐射工作单位是处理辐射事故的主体，应积极主动做好事故处理的各项工作。首先应当立即启动预先制定的应急方案，采取应急措施，并时刻检查所采取措施的有效性，直到事故处理全部结束。向当地环境保护主管部门、公安部门、卫生主管部门报告事故的时间，自发生（发现）事故起算不宜超过 2 小时，对重大事故还应更快。所有事故都应该报告环境保护主管部门，有关放射源丢失、被盗和可疑故意引起的辐射事故都应同时报告公安部门，如果发生人员受的照射剂量可能达到对人体产生危害时，应同时报告卫生主管部门。

第二，环境保护主管部门、公安部门和卫生主管部门在接到辐射事故报告后，应按第 44 条规定的任务立即指派相关人员到现场开展相关工作，同时按各自的渠道向上级报告。到达现场的人员，应按各自的职责立即开展工作，采取有效措施，控制并消除事故影响。显然，很多辐射事故的发生和处理都是很复杂的，为处理事故各部门要开展的各自职责不会是孤立的，因此各主管部门工作上要相互支持。

第三，“事故分级报告”是指所有事故都应报告事故发生地省、自治区、直辖市人民政府的环境保护主管部门，并抄告国家环保总局。同时，有关放射源丢失、被盗和可疑故意引起的辐射事故要报告省级公安部门；人员受的照射剂量可能达到对人体产生危害的辐射事故应报告卫生主管部门。但对于特别重大辐射事故和重大辐射事故，各事故发生地省、自治区、直辖市人民政府和国务院有关部门应分别在 4 小时内各自上报国务院。当遇有严重社会影响的辐射事故，例如大量放射性物质被盗、丢失或失控，并可能危及几十人以上的生命安全和很大范围（如 10 平方公里以上）放射性物质严重污染（例如水源污染到不能直接饮用）的辐射事故，事故发生地人民政府及有关部门可直接向国务院报告。

事故报告的形式应是以文字（可以用传真）的为准。在初期可以用电话口头报告，但必须及时补充文字材料。

第四，对辐射事故的报告与处理应持严肃态度，凡有缓报、瞒报、谎报或者漏报辐射事故的应负法律责任。

第四十三条　在发生辐射事故或者有证据证明辐射事故可能发生时，县级以上人民政府环境保护主管部门有权采取下列临时控制措施：

（一）责令停止导致或者可能导致辐射事故的作业；

（二）组织控制事故现场。

【释义】本条是对发生辐射事故时采取临时控制措施的规定。

本条内容是为减少辐射事故伤害和损失而制定的。采取这些临时控制措施时，可以先实施后报告批准，事故发生单位和各主管部门必须认真配合，积极行动，避免事故扩大。

临时控制措施应包括涉及为减少辐射工作人员和公众的受照剂量及控制污染加重和扩散等在内的各项技术和行政手段，辐射事故发生单位应在人力物力上予以保证。

“禁止缓报、瞒报、谎报或者漏报辐射事故”的规定同样适用于辐射事故发生单位和接报辐射事故的各主管部门，并且对事故报告的及时性和真实性负责。除第 42 条规定的对于特别重大辐射事故和重大辐射事故的时间段外，所有事故都应在2小时内先口头报出，然后在1到2天内补以文字报告。

第四十四条 辐射事故发生后，有关县级以上人民政府应当按照辐射事故的等级，启动并组织实施相应的应急预案。

县级以上人民政府环境保护主管部门、公安部门、卫生主管部门，按照职责分工做好相应的辐射事故应急工作：

（一）环境保护主管部门负责辐射事故的应急响应、调查处理和定性定级工作，协助公安部门监控追缴丢失、被盗的放射源；

（二）公安部门负责丢失、被盗放射源的立案侦查和追缴；

（三）卫生主管部门负责辐射事故的医疗应急。

环境保护主管部门、公安部门、卫生主管部门应当及时相互通报辐射事故应急响应、调查处理、定性定级、立案侦查和医疗应急情况。国务院指定的部门根据环境保护主管部门确定的辐射事故的性质和级别，负责有关国际信息通报工作。

【释义】 本条是对实施应急预案的规定。

第一，这里的应急预案应是按先前第41条规定要求的内容预先制定了的。辐射事故的社会影响较大，各实施执行部门都不得有任何怠慢，否则要对导致的后果负全部责任。

第二，发生辐射事故后，县级以上各级人民政府的环境保护主管部门、公安部门、卫生主管部门都有责任根据事故分级管理的规定，启动相应的辐射事故的应急工作，组织完成本条所规定的各项任务。

在启动并组织实施相应的应急预案的全过程中，环境保护主管部门应对其各个环节的连续性和有效性负总的责任，重点做好部门之间的协调、事故发生原因与过程的调查、事故的定性定级和后果处理有效性的评价与促进，行政处理与处罚，以及从技术与设备或人力上协助公安部门监控追缴丢失、被盗的放射源。

公安部门的主要职责是对丢失、被盗的放射源开展立案侦查和追缴工作，并对各项工作方案的全面性与有效性和警力配置方面负全责。对于事故原因调查，有时也需要公安部门参与，这时应与环境保护主管部门积极配合。

卫生主管部门的主要工作是积极开展辐射事故的医疗应急，对受辐射伤害人员创造条件给予诊断与对症治疗，并对医疗应急的全面性与有效性负责。受照人员所受剂量虽是确定医疗应急方案的重要依据之一，该项工作主要由环境保护主管部门负责，卫生主管部门应给予配合。但为了及时有效地开展医疗应急，卫生主管部门也应该独立地开展受照人员所受剂量的估算工作。

第三，为了实现“及时相互通报”有关辐射事故的各项信息，各级环境保护主管部门、公安部门、卫生主管部门，都应根据各自任务和目的建立“辐射事故数据库”，并为兄弟部门提供方便，可供各部门之间相互查询，必要时应主动送达。

有关辐射事故“国际信息的通报工作”，目前国务院指定的部门是国家原子能机构。通报的内容应以环境保护主管部门确定的为准。有关业务主管部门在国际交流中需要向外提供相关信息时，也应遵循上述原则。

第四十五条 发生辐射事故的单位应当立即将可能受到辐射伤害的人员送至当地卫生主管部门指定的医院或者有条件救治辐射损伤病人的医院，进行检查和治疗，或者请求医院立即派人赶赴事故现场，采取救治措施。

【释义】本条是对辐射事故中受到辐射伤害人员进行救治的规定。

本条包含下列三方面的内容：（1）将可能受到辐射伤害的人员送至相关医院，或者请求医院派人到现场救治是辐射工作单位的责任，不允许以任何理由推卸责任，即便事故是由受辐射伤害人员本人造成的，也不应该有正式职工、合同工或其他任何形式员工之分。救治的一切费用均应由辐射工作单位筹措承担。所谓“辐射工作单位”负责，是指本条例中规定的对该辐射源项安全负有法律责任的具有法人资格单位的法定代表人负责；（2）送达受辐射伤害人员和开展救治工作必须“立即”，绝不允许拖延。同时，应采用最快捷、最稳妥的交通方式；（3）如第40条释义所述，接收救治的医疗机构应是当地卫生主管部门指定的或有条件救治的，不具备救治条件的医疗机构收治了病员，无故耽误了病员救治的要承担相应责任。

第五章　监督检查

第四十六条 县级以上人民政府环境保护主管部门和其他有关部门应当按照各自职责对生产、销售、使用放射性同位素和射线装置的单位进行监督检查。

被检查单位应当予以配合，如实反映情况，提供必要的资料，不得拒绝和阻碍。

【释义】本条是关于监督检查制度的规定。

一、关于有权进行监督检查的部门

根据本条例第三条的职责分工，有权对生产、销售、使用放射性同位素和射线装置的单位进行安全与防护监督检查的部门是县级以上人民政府环境保护主管部门、公安部门和卫生主管部门。因此，本条的执法主体除已经明确规定的“县级以上人民政府环境保护主管部门”外，还有“其他有关部门”，即县级以上人民政府“公安部门”、“卫生主管部门”。其中县级以上人民政府卫生主管部门作为医疗机构的主管部门，在职权范围内对使用射线装置的医疗机构进行监督检查，并应当接受同级环境保护主管部门的统一监督管理。对于放射源和其他非医用射线装置安全与防护的监督管理工作，卫生主管部门则不再参与。县级以上人民政府公安部门则主要从安全保卫的角度进行监督检查，以避免和减少放射源丢失、失控等安全事故的发生。

二、关于现场监督检查

从本条规定来看，这里的监督检查主要指“现场监督检查”。在本条例的起草审查过程中，曾经对现场监督检查的程序、检查人员的权利义务作过详细的规定。最后经反复研究，认为该条例是《中华人民共和国放射性污染防治法》的配套法规，而《中华人民共和国放射性污染防治法》第 11 条第 3 款已经对此作了比较具体的规定。因此，为避免重复，本条只对现场监督检查的权限、程序、监督检查人员的权利义务、被检查单位的义务等作了衔接性的规定。实践中进行现场监督检查，还应当遵照《中华人民共和国放射性污染防治法》第 11 条第 3 款的有关规定来执行，即“监督检查人员进行现场检查时，应当出示证件”；“监督检查人员应当为被检查单位保守技术秘密和业务秘密。对涉及国家秘密的单位和部门进行检查时，应当遵守国家有关保守国家秘密的规定，依法办理有关审批手续。”

三、关于被检查单位的义务

由于放射源与射线装置的安全防护涉及公众和辐射工作人员的人体健康以及环境安全。因此，作为生产、销售、使用放射性同位素和射线装置的单位，有责任、有义务对监督检查工作予以配合，并如实反映情况，提供必要的资料，不得拒绝和阻碍。

第四十七条　县级以上人民政府环境保护主管部门应当配备辐射防护安全监督员。辐射防护安全监督员由从事辐射防护工作，具有辐射防护安全知识并经省级以上人民政府环境保护主管部门认可的专业人员担任。辐射防护安全监督员应当定期接受专业知识培训和考核。

【释义】本条是关于辐射防护安全监督员管理制度的规定。

一、设置辐射防护安全监督员制度的必要性及其沿革

辐射防护具有技术性强的突出特点，建设一支技术过硬、数量适当的专业

技术执法人员是非常必要的。因此，本条例规定县级以上人民政府环境保护主管部门都应当配备辐射防护安全监督员。

1989年10月24日发布的原《放射性同位素与射线装置放射防护条例》（国务院令第44号）发布后，县级以上人民政府卫生主管部门就设立了专职的辐射防护安全监督员，对其辖区内的辐射工作进行日常监督检查。2003年中编办下发《关于放射源安全监管部门职责分工的通知》（中央编办发［2003］17号）后，放射源监管的职能也随之进行了调整，为保证制度的稳定性和连续性，县级以上人民政府环境保护主管部门设立了专职的辐射防护安全监督员，对本辖区内的辐射工作进行日常监督检查。

二、辐射防护安全监督员的任职条件

由于辐射防护技术性强，因此，辐射防护安全监督员必须具备辐射防护安全知识、并从事过辐射防护工作。除此之外，还必须经过省级以上人民政府环境保护主管部门的认可。国务院环境保护主管部门和省、自治区、直辖市人民政府环境保护主管部门通过辐射安全和防护知识考核等方式对辐射防护安全监督员拟任职人员进行考核审查，以保证其具备能够胜任辐射防护安全监督员工作岗位的基本要求，保证基层辐射防护安全监督管理工作的正常开展。

三、对辐射防护安全监督员继续学习的规定

由于辐射防护是一门高新技术，其技术发展一直处于上升时期，因此，实践中有关辐射防护的新技术、新方法还将不断出现。为保证辐射防护安全监督工作时刻适应新技术发展的需要，不断提高管理能力，确保安全，辐射防护安全监督员必须进行不断地学习，不断更新辐射防护知识。为此，本条规定：“辐射防护安全监督员应当定期接受专业知识培训和考核”。经考核不合格的，将不再担任辐射防护安全监督员。

第四十八条 县级以上人民政府环境保护主管部门在监督检查中发现生产、销售、使用放射性同位素和射线装置的单位有不符合原发证条件的情形的，应当责令其限期整改。

监督检查人员依法进行监督检查时，应当出示证件，并为被检查单位保守技术秘密和业务秘密。

【释义】本条是关于生产、销售、使用放射性同位素和射线装置的单位有不符合原发证条件时限期整改和监督检查有关要求的规定。

一、生产、销售、使用放射性同位素和射线装置属于直接关系公共安全、生态环境和人身健康、生命财产安全的特定活动，《中华人民共和国放射性污染防治法》第28条规定对从事上述活动的单位实施许可制度，本条例第7条明确规定了申请领取生产、销售、使用放射性同位素和射线装置许可证应当具备的5项条件。发证机关对领取许可证的申请，要严格依照上述条件进行审查，确保放射性同位素和射线装置的安全应用。但由于生产、销售、使用放射性同位素和射线装置单位的生产、销售、使用活动是一个动态的过程，很可能会出现单位在依据本条例第7条规定条件取得许可证后，在生产、销售、使用活动过程中出现不符合本条例第7条规定条件的情形。由于这些条件都是保证生产、销售、使用放射性同位素和射线装置安全的基本条件，因此，本条第1款规定在监督检查中发现生产、销售、使用放射性同位素和射线装置的单位有不符合原发证条件情形的，应当责令其限期改正。

所谓责令限期改正，是指县级以上人民政府环境保护主管部门发现生产、销售、使用放射性同位素和射线装置的单位有不符合原发证条件的情形后，以行政命令的方式责令生产、销售、使用单位在规定的期限内，对出现的不符合发证条件的问题进行改正，重新达到本条例第7条规定的条件。这里的期限，由作出责令限期整改决定的县级以上人民政府环境保护主管部门确定。

二、为了保证监督检查程序合法，手续齐全，本条第2款对监督检查人员不仅提出了出示执法证件的要求，为了保护被检查单位的合法权益，还明确要求监督检查人员为被检查单位保守技术秘密和业务秘密。

第四十九条 任何单位和个人对违反本条例的行为，有权向环境保护主管部门和其他有关部门检举；对环境保护主管部门和其他有关部门未依法履行监督管理职责的行为，有权向本级人民政府、上级人民政府有关部门检举。接到举报的有关人民政府、环境保护主管部门和其他有关部门对有关举报应当及时核实、处理。

【释义】本条是关于单位和个人检举违法行为以及接到举报后如何处理的规定。

第一，放射性同位素和射线装置具有较高的危险性，一旦发生安全事故，往往会给人民的生命安全造成较大危害，后果非常严重。为了进一步加强其安全和防护工作，本条例确立了生产、销售、使用单位的许可制度，以及放射性同位素进出口批准制度等一系列严格的管理措施。为了保证这些管理措施切实得到贯彻落实，必须加强对各种违法行为的监督，并使其及时得到查处。这就不仅需要有关政府部门严格执法，也需要调动全社会的力量。赋予单位和公民个人对违法行为的检举权，有利于及时发现违法行为，防止可能发生的辐射事故，对已经发生的辐射事故也能迅速采取措施，减少损失。同时，检举权也是宪法赋予的权利。《中华人民共和国宪法》第41条明确规定，中华人民共和国公民对于任何国家机关及其工作人员的违法失职行为，有向有关机关提出申诉、控告或者检举的权利。本条规定的公民和单位有权检举的违法行为包括：（1）检举行政管理相对人的违法行为。检举的对象是行政管理相对人，主要是放射性同位素和射线装置生产、销售、使用单位，以及其他单位和个人违法本条例的违法行为，接受检举的机关是环境保护主管部门和其他有关部门；（2）检举有关部门的违法行为。检举的对象是环境保护主管部门和其他有关部门，主要是其不依照本条例规定履行监督管理职责的行为，接受检举的机关应当是被检举部门的本级人民政府，或者其上级人民政府的有关部门。

第二，单位和个人的检举权是《中华人民共和国宪法》赋予的权利，也是加强对违法行为监督的有效措施。因此，受理举报的有关人民政府、环境保护主管部门和其他有关部门要尊重和保护单位、个人的检举权，要为单位和个人的检举提供便利条件。更重要的是，要及时受理和查处有关责任单位和责任人，这不仅有利于保护举报人的积极性，而且是实现加强对违法行为监督这个目的的必然要求。因此，本条明确规定，接到举报的有关人民政府、环境保护主管部门和其他有关部门，必须对举报及时进行调查、核实，并依法作出处理。如果在接到举报后不及时进行处理，这本身也是一种未依法履行监督管理职责的违法行为，任何单位和个人也可以进行检举。

第六章　法律责任

第五十条　违反本条例规定，县级以上人民政府环境保护主管部门有下列行为之一的，对直接负责的主管人员和其他直接责任人员，依法给予行政处分；构成犯罪的，依法追究刑事责任：

（一）向不符合本条例规定条件的单位颁发许可证或者批准不符合本条例规定条件的单位进口、转让放射性同位素的；

（二）发现未依法取得许可证的单位擅自生产、销售、使用放射性同位素和射线装置，不予查处或者接到举报后不依法处理的；

（三）发现未经依法批准擅自进口、转让放射性同位素，不予查处或者接到举报后不依法处理的；

（四）对依法取得许可证的单位不履行监督管理职责或者发现违反本条例规定的行为不予查处的；

（五）在放射性同位素、射线装置安全和防护监督管理工作中有其他渎职行为的。

【释义】本条是对环境保护主管部门有关人员渎职的法律责任的规定。

一、法律责任的主体

承担本条规定的法律责任的主体是县级以上人民政府环境保护主管部门的有关人员，即直接负责的主管人员和其他直接责任人员。其他行政机关和企事业单位的人员不承担本条规定的法律责任。

二、承担法律责任的行为

按照本条规定，县级以上人民政府环境保护主管部门的有关人员有下列五种行为之一的，应当承担本条规定的法律责任：

（一）向不符合本条例规定条件的单位颁发许可证或者批准不符合本条例规定条件的单位进口和转让放射性同位素的。

我国对辐射工作活动实行严格的管理，对辐射工作单位实行资质许可制度，对进口和转让放射性同位素的活动实行审批制度。条例第7条对申领生产、销售、使用放射性同位素和射线装置许可证的条件提出了明确的要求，第17条、第19条对办理进口和转让放射性同位素活动审批手续的条件也作出了明确规定。县级以上人民政府环境保护主管部门的有关人员应当严格按照条例规定办理许可和审批手续，不得向不符合法定条件的单位颁发许可证或者办理批准文件，否则即构成违法，应当承担本条规定的法律责任。

（二）发现未依法取得许可证的单位擅自生产、销售、使用放射性同位素与射线装置，不予查处或者接到举报后不依法处理的。

我国对辐射工作单位实行单位资质许可制度，第5条规定："生产、销售、使用放射性同位素与射线装置的单位，应当依照本章规定取得许可证。"第15条相应作出禁止性规定，"禁止无许可证或者不按照许可证规定的种类和范围从事放射性同位素与射线装置的生产、销售、使用活动。"同时本章第52条第2款第（一）项规定对无许可证从事放射性同位素与射线装置生产、销售、使用活动的单位应进行行政处罚。

因此，依法进行自主监督检查，或者在接到举报后开展调查，对未依法取得许可证而擅自生产、销售、使用放射性同位素与射线装置的单位予以查处或者处理是有关监管人员的职责，如果发现违法情况不予查处或处理即构成渎职，要接受本条规定的法律制裁。

（三）发现未经依法批准擅自进口、转让放射性同位素，不予查处或者接到举报后不依法处理的。

本项与第（二）项的立法主旨一样，也是对监管人员违反国家规定，对违法从事辐射工作活动不予查处的渎职行为进行处罚。

条例第16条、第17条、第18条对进口放射性同位素的条件和程序作出了规定，第19条、第20条对转让放射性同位素的条件和程序进行了规定，并在本章第52条第（五）项，就违反以上规定的行为规定了相应的处罚措施，有关监管人员应当依法对未经批准擅自进口和转让放射性同位素的行为予以查处和处理，否则即构成渎职，要接受本条规定的法律制裁。

（四）对依法取得许可证的单位不履行监督管理职责或者发现违反本条例规定的行为不予查处的。

条例赋予县级以上人民政府环保主管部门对行政区域内的放射性同位素与射线装置的安全和防护工作实施监督管理的职责。因此有关监管人员应当严格履行自己的职责，根据条例规定对辐射工作单位的许可、审批、备案情况，对安全和防护情况、对辐射事故应急处理等情况进行监督管理，并对违反条例规定的行为予以查处。如果怠于履行职责，应当监管而没有监管，应当查处而不予查处即构成渎职，要承担本条规定的法律责任。

（五）在放射性同位素、射线装置安全和防护监督管理工作中有其他渎职行为的。

这是一个弹性条款，用以概括本条没有列举但事实上可能出现的渎职行为，以避免渎职行为逃脱法律的制裁。

综上，本条是对县级以上人民政府环境保护主管部门有关监管人员渎职所应承担的法律责任的规定。无论是由于利用职务上的便利收受他人财物、谋取其他利益，或者由于玩忽职守以致出现以上五种渎职行为的，均构成违法，应当承担本条规定的法律责任。

三、法律[illegible]

本条[illegible]种：一是行政法律责任，二是刑事法律责任。

（一）行政法律责任，也称行政责任，是指因实施违反本条例规定的行为而引起的，由行政机关依法给予制裁的，并且是必须承担的法律后果。行政法律责任分为行政处罚和行政处分。按照本条规定，放射性污染防治监督管理人员实施了本条所列举的三种违法行为，尚不构成犯罪的，应当依法给予行政处分。行政处分，亦称行政纪律处分，是指行政机关内部上级对下级以及监察机关、人事部门按照行政隶属关系，对违反政纪的人员依法给予的一种法律制裁。目前，我国实行公务员制度，对直接负责的主管人员和其他直接责任人员的行政处分应当按照《国家公务员暂行条例》（自2006年1月1日起开始适用《中华人民共和国公务员法》，此条例废止）的规定执行。一般而言，给予行政处分大致分为三种情况：其一，对违法行为较轻，仍能担任现任职务的人员，可以给予警告、记过、降级处分；其二，对违法行为较重，不宜继续担任现任职务的人员，给予降职或者撤职处分；其三，对严重违法失职，屡教不改的，可以给予开除处分。具体给予违法行为人何种处分，应当由其任免单位、监察机关根据不同情况做出。

（二）刑事法律责任，也称刑事责任，是指具有刑事责任能力的人实施了刑事法律所禁止的行为（犯罪行为）所必须承担的法律义务。刑事责任是最严厉的法律责任，必须严格遵循罪行法定的原则执行。条例并没有给出给予完整的犯罪构成形态，参照《放射性污染防治法》第 48 条的规定，本条可能涉及的罪名有受贿罪、滥用职权罪、玩忽职守罪和环境监管失职罪等，是否构成犯罪以及构成何种犯罪，应予何种刑事处罚必须以事实为依据，根据《刑法》的有关规定执行。

1. 关于受贿罪。《刑法》第 385 条规定："国家工作人员利用职务上的便利，索取他人财物的，或者非法收受他人财物，为他人谋取利益的，是受贿罪。""国家工作人员在经济往来中，违反国家规定，收受各种名义的回扣、手续费，归个人所有的，以受贿论处。"

构成此罪须具备以下条件：（1）侵害的客体是国家工作人员职务行为的廉洁性，具体表现为职务行为的不可收买性或者职务行为与物质的不可交换性；（2）本罪的客观方面表现为利用职务上的便利，索取他人财物或者非法收受他人财物，为他人谋取利益的行为。受贿行为既可以表现为索取贿赂，也可以表现为收受贿赂，它们之间只有程度差异，没有本质区别。索取贿赂只需要利用职务上的便利便成立受贿罪，不要求实际具有为他人谋取利益的行为，而收受贿赂则需在实际上具有为他人谋取利益的[illegible]但谋取的利益是否实现并不影响本罪的成立；（3）本罪的主体必须是[illegible]体到本条而言，是县级以上地方人民政府环境保护行政主管[illegible]门工作人员；（4）受贿罪的主观方面只能是故意。

对本罪的处刑有如下规定：（1）个人受贿数额在十万元以上的，处十年以上有期徒刑或者无期徒刑，可以并处没收财产；情节特别严重的，处死刑，并处没收财产。（2）个人受贿数额在五万元以上不满十万元的，处五年以上有期徒刑，可以并处没收财产；情节特别严重的，处无期徒刑，并处没收财产。（3）个人受贿数额在五千元以上不满五万元的，处一年以上七年以下有期徒刑；情节严重的，处七年以上十年以下有期徒刑。个人受贿数额在五千元以上不满一万元，犯罪后有悔改表现、积极退赃的，可以减轻处罚或者免予刑事处罚，由其所在单位或者上级主管机关给予行政处分。（4）个人受贿数额不满五千元，情节较重的，处两年以下有期徒刑或者拘役；情节较轻的，由其所在单位或者上级主管机关酌情给予行政处分。（5）索贿的从重处罚。

2. 关于滥用职权罪、玩忽职守罪。《刑法》第 397 条第 1 款规定："国家机关工作人员滥用职权或者玩忽职守，致使公共财产、国家和人民利益遭受重大损失的，处三年以下有期徒刑或者拘役；情节特别严重的，处三年以上七年以下有期徒刑。本法另有规定的，依照规定。"

构成滥用职权罪应具备的主要条件：（1）本罪的客观方面表现为滥用职权、严重不负责任，致使公私财产、国家和人民利益遭受重大损失的行为；（2）滥用职权行为只有当公私财产、国家和人民利益遭受重大损失时，才构成犯罪。

构成玩忽职守罪应具备以下条件：（1）本罪客观方面表现为玩忽职守，致使公私财产、国家和人民利益遭受重大损失的行为；（2）本罪的主体只能是国家机关工作人员，即县级以上地方人民政府环境保护行政主管部门和其他有关部门的工作人员；（3）本罪主观方面出于过失，在相当多的情况下，行为人主观上表现为应当履行法定的职责而没有履行，导致了公私财产、国家和人民利益遭受重大损失结果的发生。

3. 关于环境监管失职罪。《刑法》第 408 条规定："负有环境保护监督管理职责的国家机关工作人员严重不负责任，导致发生重大环境污染事故，致使公私财产遭受重大损失或者造成人身伤亡的严重后果的，处三年以下有期徒刑或者拘役。"

构成环境监管失职罪应具备以下条件：（1）本罪的主体是负有环境保护监督管理职责的国家机关工作人员，即县级以上地方人民政府环境保护行政主管部门和其他有关部门工作人员；（2）构成本罪必须是上述人员严重不负责任，不认真履行监管职责，导致发生重大环境污染事故，致使公私财产遭受重大损失或者造成人身伤亡的严重后果的行为。只要具备"导致公私财产遭受重大损失"或者"造成人员伤亡"其中任何一个条件即构成本罪。

构成本罪的，对行为人处三年以下有期徒刑或者拘役。

第五十一条　违反本条例规定，县级以上人民政府环境保护主管部门和其他有关部门有下列行为之一的，对直接负责的主管人员和其他直接责任人员，依法给予行政处分；构成犯罪的，依法追究刑事责任：

（一）缓报、瞒报、谎报或者漏报辐射事故的；

（二）未按照规定编制辐射事故应急预案或者不依法履行辐射事故应急职责的。

【释义】本条是对有关部门监管人员违反辐射事故应急处理规定应承担法律责任的规定。

第一，承担本条规定的法律责任的主体是县级以上人民政府环境保护主管部门和其他有关部门直接负责的主管人员和其他直接责任人员，包括环境保护主管部门、公安部门和卫生主管部门的有关人员。

第二，按照本条规定，有关部门的监管人员违反法律规定，有下列两种行为之一的，应当承担本条规定的法律责任：

（一）缓报、瞒报、谎报或者漏报辐射事故的。

报告制度是辐射事故应急处理中的一项重要制度，报告制度包含三个层次：一是发生辐射事故的单位应在事故发生后立即向环保、公安、卫生主管部门报告，二是环保、公安、卫生主管部门接到报告后向本级人民政府和各自的上级机关报告；三是县级以上人民政府接到报告后向上级人民政府报告。通过报告制度，各级人民政府和有关主管部门可以及时掌握事故情况，迅速作出反应，有效控制事故发展，减小事故的危害。条例第 42 条对此作出了明确规定，本项规定的是环保、公安、卫生主管部门违反报告制度所应承担的法律责任。条例第 42 条规定："……环境保护主管部门、公安部门、卫生主管部门接到辐射事故报告后，应当立即派人赶赴现场，进行现场调查，采取有效措施，控制并消除事故影响，同时将辐射事故信息报告本级人民政府和上级人民政府环境保护主管部门、公安部门、卫生主管部门。县级以上地方人民政府及有关部门接到辐射事故报告后，应当按照事故分级报告的规定及时将辐射事故信息分别报告上级人民政府及其有关部门。发生特别重大和重大辐射事故后，应当在 4 小时内报告国务院；特殊情况下，特别重大和重大辐射事故发生地人民政府及其有关部门可以直接向国务院报告，并同时报告上级人民政府及其有关部门。禁止缓报、瞒报、谎报或者漏报辐射事故。"

（二）未按规定编制辐射事故应急预案或者不依法履行辐射事故应急职责。

1. 条例第 41 条规定，县级以上人民政府环境保护主管部门应当会同同级公安、卫生、财政等部门编制辐射事故应急预案，报本级人民政府批准，同时列举了应急预案应当包括的主要内容。有关部门如果不按照规定编制预案就构成违法，要接受本条规定的法律责任的制裁。

2. 除编制应急预案外，有关部门在辐射事故发生时还应当根据条例第 43 条、第 44 条的要求履行事故应急职责，如有违反这两条规定的职责，也要承担本条规定的法律责任。

第 43 条规定：在辐射事故发生或者有证据证明辐射事故可能发生时，县级以上人民政府环境保护主管部门有权采取下列临时控制措施：

（一）责令停止导致或者可能导致辐射事故的作业；

（二）组织控制事故现场。

第44条规定：辐射事故发生后，有关县级以上人民政府按照辐射事故的等级，启动并组织实施相应的应急预案。

县级以上人民政府环境保护主管部门、公安部门、卫生主管部门，按照职责分工做好相应的辐射事故应急工作：

（一）环境保护主管部门负责辐射事故的应急响应、调查处理和定性定级工作，协助公安部门监控追缴丢失、被盗的放射源；

（二）公安部门负责丢失和被盗放射源的立案、侦查和追缴；

（三）卫生主管部门负责辐射事故的医疗应急。

环境保护主管部门、公安部门、卫生主管部门应当及时相互通报辐射事故应急、调查处理、定性定级、立案侦查和医疗救治情况。国务院指定的部门根据环境保护主管部门确定的辐射事故的性质和级别，负责有关国际信息通报工作。

县级以上人民政府环境保护主管部门和其他有关部门的监管人员应当严格依法履行职责，如果违法不履行相关职责即构成违法，应当承担本条规定的法律责任。

第三，本条规定的法律责任有两种，一是行政法律责任，二是刑事法律责任，同第50条。

第五十二条　违反本条例规定，生产、销售、使用放射性同位素和射线装置的单位有下列行为之一的，由县级以上人民政府环境保护主管部门责令停止违法行为，限期改正；逾期不改正的，责令停产停业或者由原发证机关吊销许可证；有违法所得的，没收违法所得；违法所得10万元以上的，并处违法所得1倍以上5倍以下的罚款；没有违法所得或者违法所得不足10万元的，并处1万元以上10万元以下的罚款：

（一）无许可证从事放射性同位素和射线装置生产、销售、使用活动的；

（二）未按照许可证的规定从事放射性同位素和射线装置生产、销售、使用活动的；

（三）改变所从事活动的种类或者范围以及新建、改建或者扩建生产、销售、使用设施或者场所，未按照规定重新申请领取许可证的；

（四）许可证有效期届满，需要延续而未按照规定办理延续手续的；

（五）未经批准，擅自进口或者转让放射性同位素的。

【释义】本条是对持证单位违反许可证管理规定应承担法律责任的规定。

第一，承担本条规定的法律责任的主体是生产、销售、使用放射性同位素与射线装置的单位。

第二，本条规定了五种违法行为：

1. 无许可证从事放射性同位素与射线装置生产、销售、使用活动的。

本项是第50条第2款第（二）项的对应条款，第50条第2款第（二）项规定行政主管部门的责任，本项则规定辐射工作单位的责任，两者互相呼应，严密地规范许可证管理活动。制定本款的依据是第5条和第15条。

2. 未按照许可证的规定从事放射性同位素与射线装置生产、销售、使用活动的。

条例第10条规定了许可证的内容，其中第（二）项“所从事的活动的种类和范围”是许可证的核心内容，“按照许可证的规定从事放射性同位素与射线装置生产、销售、使用活动的”即指按照许可证规定的种类和范围活动。条例第15第1款明确规定“禁止无许可证或者不按照许可证规定的种类和范围从事放射性同位素与射线装置的生产、销售、使用活动。”本项即是对违反这一规定的处罚。

3. 改变所从事活动的种类或者范围以及新建、改建或者扩建生产、销售、使用设施或者场所，未按照规定重新申请领取许可证的。

这是指违反条例第12条规定的情形。第12条规定了两种持证单位应当按照原申请程序，重新申请领取许可证的情况：一是改变所从事活动的种类或者范围的；二是新建或者改建、扩建生产、销售、使用设施或者场所的。

4. 许可证有效期届满，需要延续而未按照规定办理延续手续的。

这是违反条例第13条规定的法律责任。第13条规定：“许可证有效期为5年。有效期届满，需要延续的，持证单位应当于许可证有效期届满30日前，向原发证机关提出延续申请。”

5. 未经批准，擅自进口或者转让放射性同位素的。

本项是第50条第2款第（三）项的对应条款，第50条第2款第（三）项规定行政主管部门的责任，本条款规定工作单位的责任，两者互相呼应。制定本款的依据是第16条、第17条和第19条。

第三，生产、销售、使用放射性同位素与射线装置的单位只要实施了上述五种违法行为之一的，就应当承担本条规定的法律责任，由县级以上人民政府环境保护行政主管部门或者其他有关部门依据职权，依法给予行政处罚。行政处罚是指享有行政处罚权的行政机关或者法律、法规授权的组织，对违反行政法律规范和依法应当给予处罚的行政相对人所实施的法律制裁行为；行政处罚的种类包括：警告、罚款、没收违法所得和非法财物、责令停产停业、暂扣或者吊销许可证（执照）、行政拘留和法律、行政法规规定的其他行政处罚。本条规定的行政处罚方式有：

1. 责令停止违法行为，限期改正。县级以上人民政府环境保护主管部门在监督执法过程中，发现并确认生产、销售、使用放射性同位素和射线装置的单位有以上五种情况之一的，应当根据本条的规定，以行政命令的方式责令立即停止其违法行为，并要求在一定期限内改正。责令停止违法行为，限期改正是对违法行为首先采取的行政处罚措施。

2. 责令停产停业或者由原发证机关吊销许可证。限期改正而违法行为人逾期不改正的，本条规定了进一步的行政处罚，即责令停产停业或者吊销许可证。

3. 没收违法所得。即县级以上人民政府环境保护行政主管部门依据职权，对违法行为人在违法活动中所获得的收入应全部予以没收，不让违法行为获取经济利益。

4. 罚款。除没收违法所得外，本条还规定了罚款处罚，使违法行为人在经济上受到进一步惩罚，丧失从事违法行为的经济能力。本条区分有无违法所得两种情况，规定了两种不同数额的罚款幅度：有违法所得且违法所得 10 万元以上的，处违法所得 1 倍以上 5 倍以下罚款；没有违法所得或者违法所得不足 10 万元的，处 1 万元以上 10 万元以下罚款。

第五十三条　违反本条例规定，生产、销售、使用放射性同位素和射线装置的单位变更单位名称、地址、法定代表人，未依法办理许可证变更手续的，由县级以上人民政府环境保护主管部门责令限期改正，给予警告；逾期不改正的，由原发证机关暂扣或者吊销许可证。

【释义】本条是对持证单位不办理许可证变更手续应承担法律责任的规定。

第一，违反本条例规定是指违反条例第 11 条的规定。第 11 条规定："持证单位变更单位名称、地址、法定代表人的，应当自变更登记之日起 20 日内，向原发证机关申请办理许可证变更手续。"

第二，按照本条规定，行使行政处罚权的机关是县级以上人民政府环境保护行政主管部门。本条规定的行政处罚有：

1. 责令限期改正，给予警告。即由县级以上人民政府环境保护行政主管部门对不按照规定办理变更手续的单位发出处罚通知，责令违法行为人在一定的期限内改正其违法行为。本条还规定责令限期整改的同时应当给予警告，警告是一种适用广泛的申诫罚，通过对违法者精神上的惩戒，以申明其有违法行为，并使其今后不再违法，否则，就要受到更加严厉的处罚，它常常是对情节显著轻微、并未造成实际危害后果的违法行为的一种处罚形式。

2. 暂扣或者吊销许可证。限期改正而违法行为人逾期不改正的，本条规定了进一步的行政处罚，即暂扣或者吊销许可证，这是对违法单位最为严厉的能力罚，直接限制或者剥夺了违法行为人从事生产、销售、使用放射性同位素与射线装置活动的资格和能力。

第五十四条 违反本条例规定，生产、销售、使用放射性同位素和射线装置的单位部分终止或者全部终止生产、销售、使用活动，未按照规定办理许可证变更或者注销手续的，由县级以上人民政府环境保护主管部门责令停止违法行为，限期改正；逾期不改正的，处 1 万元以上 10 万元以下的罚款；造成辐射事故，构成犯罪的，依法追究刑事责任。

【释义】本条是对持证单位不按规定办理许可证变更或者注销手续应承担法律责任的规定。

第一，违反本条例规定是指违反条例第 14 条的规定。第 14 条规定："持证单位部分终止或者全部终止生产、销售、使用放射性同位素和射线装置活动的，应当向原发证机关提出部分变更或者注销许可证申请，由原发证机关核查合格后，予以变更或者注销许可证。"

第二，按照本条规定，行使行政处罚权的机关是县级以上人民政府环境保护行政主管部门。本条规定的行政处罚有：

1. 责令停止违法行为，限期改正。即由县级以上人民政府环境保护行政主管部门对不按照规定办理变更或者注销手续的单位，以行政命令的方式责令违法行为人立即停止其违法行为，并在一定期限内改正。责令停止违法行为，限期改正是对违法行为人首先采取的行政处罚措施。

2. 罚款。限期改正而违法行为人逾期不改正的，本条规定了进一步的行政处罚，即罚款，处罚数额为 1 万元以上 10 万元以下。

第三，本条可能涉及的刑事责任。除行政处罚外，本条还规定造成辐射事故，构成犯罪的要追究刑事责任。本条可能涉及的刑事责任包括：《刑法》第 134 条规定的重大责任事故罪、第 136 条规定的危险品肇事罪、第 338 条规定的重大环境污染事故罪等。

1. 重大责任事故罪。《刑法》第 134 条规定："工厂、矿山、林场、建筑企业或者其他企业、事业单位的职工，由于不服管理、违反规章制度，或者强令工人违章冒险作业，因而发生重大伤亡事故或者造成其他严重后果的，处三年以下有期徒刑或者拘役；情节特别恶劣的，处三年以上七年以下有期徒刑。"

构成本罪应具备以下条件：（1）构成本罪的主体是生产、销售、使用放射性同位素与射线装置单位的职工。（2）行为人主观上是过失，这种过失主要表现在对待危害后果发生的主观意愿上，并不希望其发生。（3）行为人的行为主要表现在未按照规定办理许可证变更或者注销手续并因此发生了辐射事故。(4) 必须是导致了重大伤亡事故的发生或者造成严重后果，才构成本罪。

此罪处刑分为两档：一是构成本罪的，处三年以下有期徒刑或者拘役；二是情节特别恶劣的，处三年以上七年以下有期徒刑。这里的“情节特别恶劣”，是指造成伤亡的人数较多或者致使公私财物遭受特别重大损失或者在社会上造成极为恶劣的影响等情况。

2. 危险物品肇事罪。《刑法》第 136 条规定：“违反爆炸性、易燃性、放射性、毒害性、腐蚀性物品的管理规定，在生产、储存、运输、使用中发生重大事故，造成严重后果的，处三年以下有期徒刑或者拘役；后果特别严重的，处三年以上七年以下有期徒刑。”

构成危险物品肇事罪要求：(1) 构成本罪的主体是生产、销售、使用放射性同位素与射线装置的单位或其职工。(2) 行为人的主观上是出于过失。(3) 在客观上表现为行力人违反有关放射性物品管理规定，部分终止或者全部终止生产、销售、使用活动后未按照规定办理许可证变更或者注销手续而发生辐射事故，造成严重后果。(4) 只有行为人违反条例规定引发辐射事故，造成严重后果的，才构成犯罪。造成严重后果，是指造成人员伤亡或者使公私财物遭受重大损失。构成该罪依照《刑法》第 136 条的规定，处三年以下有期徒刑或者拘役；后果特别严重的，处三年以上七年以下有期徒刑。

3. 重大环境污染事故罪。《刑法》第 338 条规定：“违反国家规定，向土地、水体、大气排放、倾倒或者处置有放射性的废物、含传染病病原体的废物、有毒物质或者其他危险废物，造成重大环境污染事故，致使公私财产遭受重大损失或者人身伤亡的严重后果的，处三年以下有期徒刑或者拘役，并处或者单处罚金；后果特别严重的，处三年以上七年以下有期徒刑，并处罚金。”

构成此罪应具备以下条件：(1) 构成本罪的主体是生产、销售、使用放射性同位素与射线装置的单位或其职工。(2) 行为人的主观上是出于过失，这种过失表现为对重大污染事故的发生，行为人在主观意愿上并不希望其发生。(3) 在客观方面表现为，部分终止或者全部终止生产、销售、使用活动后未按照规定办理许可证变更或者注销手续的，造成辐射事故，致使公私财产遭受重大损失或者人身伤亡的严重后果的。(4) 行为人的行为必须造成重大环境污染事故，致使公私财产遭受重大损失或者人身伤亡的严重后果，才构成本罪。根据犯罪主体的不同，本罪的处罚分为两种：一种是对生产、销售、使用放射性同位素与射线装置的单位的职工犯本罪，处三年以下有期徒刑或者拘役，并处或者单处罚金；后果特别严重的，处三年以上七年以下有期徒刑，并处罚金。另一种是对生产、销售、使用放射性同位素与射线装置的单位犯罪，除了对其直接负责的主管人员和其他直接责任人员，依照《刑法》第 338 条规定处罚外，还要依照《刑法》第346条规定对单位判处罚金。

第四，需要说明的是，在行政处罚过程中发现违法行为构成犯罪的，有关行政机关不得以行政处罚代替刑事责任，必须依法将案件移交公安机关立案侦查。2001年7月9日国务院发布的《行政执法机关移送涉嫌犯罪案件的规定》第3条规定，行政执法机关在依法查处违法行为过程中，发现违法事实涉及的金额、违法事实的情节、违法事实造成的后果等，根据刑法关于破坏社会主义市场经济秩序罪、妨害社会管理秩序罪等罪的规定和最高人民法院、最高人民检察院关于破坏社会主义市场经济秩序罪、妨害社会管理秩序罪等罪的司法解释以及最高人民检察院、公安部关于经济犯罪案件的追诉标准等规定，涉嫌构成犯罪，依法需要追究刑事责任的，必须依照本规定向公安机关移送。

《行政执法机关移送涉嫌犯罪案件的规定》第11条规定，行政执法机关对应当向公安机关移送的涉嫌犯罪案件，不得以行政处罚代替移送。行政执法机关向公安机关移送涉嫌犯罪案件前已经作出的警告，责令停产停业，暂扣或者吊销许可证、暂扣或者吊销执照的行政处罚决定，不停止执行。另外，依照行政处罚法的规定，行政执法机关向公安机关移送涉嫌犯罪案件前，已经依法给予当事人罚款的，人民法院判处罚金时，依法折抵相应罚金。

行政执法机关违反本规定，对应当向公安机关移送的案件不移送，或者以行政处罚代替移送的，由本级或者上级人民政府，或者实行垂直管理的上级行政执法机关，责令改正，给予通报；拒不改正的，对其正职负责人或者主持工作的负责人给予记过以上的行政处分；构成犯罪的，依法追究刑事责任。

《行政执法机关移送涉嫌犯罪案件的规定》第6条规定行政执法机关向公安机关移送涉嫌犯罪案件，应当附有下列材料：（一）涉嫌犯罪案件移送书；（二）涉嫌犯罪案件情况的调查报告；（三）涉案物品清单；（四）有关检验报告或者鉴定结论；（五）其他有关涉嫌犯罪的材料。

第五十五条 违反本条例规定，伪造、变造、转让许可证的，由县级以上人民政府环境保护主管部门收缴伪造、变造的许可证或者由原发证机关吊销许可证，并处5万元以上10万元以下的罚款；构成犯罪的，依法追究刑事责任。

违反本条例规定，伪造、变造、转让放射性同位素进口和转让批准文件的，由县级以上人民政府环境保护主管部门收缴伪造、变造的批准文件或者由原批准机关撤销批准文件，并处5万元以上10万元以下的罚款；情节严重的，可以由原发证机关吊销许可证；构成犯罪的，依法追究刑事责任。

【释义】 本条是对伪造、变造、转让许可证和放射性同位素进口和转让批准文件应承担法律责任的规定。

一、伪造、变造、转让的界定

本条第 1 款中的违反本条例规定是指违反第 15 条的规定，第 15 条规定："禁止伪造、变造、转让许可证。"

本条第 2 款中的违反本条例规定是指违反第 16 条、第 17 条、第 19 条、第 20 条，应当办理手续而不办理手续，采取伪造、变造、转让放射性同位素进口和转让批准文件的方式妨碍监管或者逃避监管的行为。

本条中的"伪造"，是指未依法向环境保护主管部门申请领取许可证或者经申请但未获得许可证，为了逃避法定义务、违法从事生产、销售、使用放射性同位素与射线装置活动或实现其他任何目的，从无到有编制许可证件的行为；"变造"是指在依法获得许可证件的情形下，为了实现某种目的，未按照法定程序提出重新申领或变更许可证要求或者虽经提出但要求未被批准前，利用涂改、粘贴、复制等手段，改变原许可证规定内容的行为，如改变持证单位的名称、地址、法定代表人，增加所从事活动的种类或扩大活动范围、延长许可证有效期限等。

二、对伪造、变造、转让许可证和转让批准文件行为行政处罚的种类

按照本条规定，行使行政处罚权的机关是县级以上人民政府环境保护行政主管部门。本条规定的行政处罚有：

1. 收缴伪造、变造许可证或者吊销许可证。即由县级以上人民政府环境保护行政主管部门对不按照规定办理变更或者注销手续的单位，根据本条的规定，收缴其伪造、变造的许可证或者由原发证机关吊销其依法取得的许可证。

2. 收缴或者撤销批准文件即收缴其伪造、变造的虚假批准文件，或者由原批准机关撤销其依法取得的批准文件。

3. 罚款。除收缴许可证或者吊销许可证外，同时要对违法单位处以 5 万元以上 10 万元以下的罚款。

三、有关刑事责任

本条规定，对构成犯罪的要依法追究刑事责任。本条可能涉及的刑事责任主要是指《刑法》第 280 条规定的伪造国家机关证件罪。《刑法》第 280 条规定："伪造、变造、买卖或者盗窃、抢夺、毁灭国家机关的公文、证件、印章的，处三年以下有期徒刑、拘役、管制或者剥夺政治权利；情节严重的，处三年以上十年以下有期徒刑。"

伪造国家机关证件罪的犯罪构成包括四个方面：一是该罪的主体是一般主

体，即凡是达到法定刑事责任年龄、具有刑事责任能力的人均可构成该罪。二是该罪侵犯的客体是国家机关的正常管理活动和信誉。环保主管部门制作的许可证和批准文件是其在核技术利用领域实行许可管理的重要凭证和手段。伪造、变造、转让许可证和批准文件的行为会影响其正常管理活动，损害其名誉。三是该罪在主观方面只能出于直接故意，间接故意或过失不构成该罪。四是该罪在客观方面表现为行为人具有伪造、变造、转让许可证和批转文件的行为，以上四个构成要件，缺一不可，否则就不构成该罪。本罪不要求造成严重后果。

第五十六条 违反本条例规定，生产、销售、使用放射性同位素的单位有下列行为之一的，由县级以上人民政府环境保护主管部门责令限期改正，给予警告；逾期不改正的，由原发证机关暂扣或者吊销许可证：

（一）转入、转出放射性同位素未按照规定备案的；

（二）将放射性同位素转移到外省、自治区、直辖市使用，未按照规定备案的；

（三）将废旧放射源交回生产单位、返回原出口方或者送交放射性废物集中贮存单位贮存，未按照规定备案的。

【释义】本条是对持证单位违反备案管理规定应承担法律责任的规定。

第一，按照本条规定，生产、销售、使用放射性同位素的单位违反法律规定，有下列三种行为之一的，应当承担本条规定的法律责任：

1. 转入、转出放射性同位素未按照规定备案的。

条例第 21 条规定“放射性同位素的转出、转入单位应当在转让活动完成之日起 20 日内，分别向其所在地省、自治区、直辖市人民政府环境保护主管部门备案。”

2. 将放射性同位素转移到外省使用，未按照规定备案的。

条例第 25 条规定“使用放射性同位素的单位需要将放射性同位素转移到外省、自治区、直辖市使用的，应当持许可证复印件向使用地省、自治区、直辖市人民政府环境保护主管部门备案，并接受当地环境保护主管部门的监督管理。”

3. 将废旧放射源交回生产单位、返回原出口方或者送交放射性废物集中贮存单位贮存，未按照规定备案的。

条例第 23 条规定“持有放射源的单位将废旧放射源交回生产单位、返回原出口方或者送交放射性废物集中贮存单位贮存的，应当在该活动完成之日起 20 日内向其所在地省、自治区、直辖市人民政府环境保护主管部门备案。”

生产、销售、使用放射性同位素的单位违反了以上关于备案的规定即构成违法，应当承担本条规定的法律责任。

第二，按照本条规定，行使行政处罚权的机关是县级以上人民政府环境保护行政主管部门。本条规定的行政处罚有：

1. 责令限期改正，给予警告。即由县级以上人民政府环境保护行政主管部门或者其他有关部门对不按照规定办理备案手续的单位发出处罚通知，责令违法行为人在一定的期限内改正其违法行为。违法行为人在接到责令限期改正的行政处罚后，应当在规定的期限内改正其违法行为。责令限期改正的同时还应给予警告。

2. 暂扣或者吊销许可证。限期改正而违法行为人逾期不改正的，本条规定了进一步的行政处罚，即暂扣或者吊销许可证，这是对违法单位最为严厉的能力罚，直接限值或者剥夺了违法行为人从事生产、销售、使用放射性同位素活动的行为能力。

第五十七条 违反本条例规定，生产、销售、使用放射性同位素和射线装置的单位有下列行为之一的，由县级以上人民政府环境保护主管部门责令停止违法行为，限期改正；逾期不改正的，处 1 万元以上 10 万元以下的罚款：

（一）在室外、野外使用放射性同位素和射线装置，未按照国家有关安全和防护标准的要求划出安全防护区域和设置明显的放射性标志的；

（二）未经批准擅自在野外进行放射性同位素示踪试验的。

【释义】本条是对持证单位违法野外使用应承担的法律责任的规定。

第一，违反本条规定的两种情形是指违反条例第 36 条的规定。

第 36 条规定“在室外、野外使用放射性同位素和射线装置的，应当按照国家安全和防护标准的要求划出安全防护区域，设置明显的放射性标志，必要时设专人警戒。在野外进行放射性同位素示踪试验的，应当经省级以上人民政府环境保护主管部门商同级有关部门批准后方可进行。”

第二，按照本条规定，行使行政处罚权的机关是县级以上人民政府环境保护行政主管部门。本条规定的行政处罚有：

1. 责令停止违法行为，限期改正。即由县级以上人民政府环境保护行政主管部门对不按照规定办理批准手续，或未按照国家安全和防护标准的要求划出安全防护区域和设置明显的放射性标志的单位，根据本条的规定，以行政命令的方式责令违法行为人立即停止其违法行为，并要求违法行为人在一定期限内改正其违法行为。责令停止违法行为，限期改正是对违法行为人首先采取的行政处罚措施。

2. 罚款。限期改正而违法行为人逾期不改正的，本条规定了进一步的行政处罚，即处以 1 万元以上 10 万元以下的罚款。

第五十八条 违反本条例规定，生产放射性同位素的单位有下列行为之一的，由县级以上人民政府环境保护主管部门责令限期改正，给予警告；逾期不改正的，依法收缴其未备案的放射性同位素和未编码的放射源，处5万元以上10万元以下的罚款，并可以由原发证机关暂扣或者吊销许可证：

（一）未建立放射性同位素产品台账的；

（二）未按照国务院环境保护主管部门制定的编码规则，对生产的放射源进行统一编码的；

（三）未将放射性同位素产品台账和放射源编码清单报国务院环境保护主管部门备案的；

（四）出厂或者销售未列入产品台账的放射性同位素和未编码的放射源的。

【释义】本条是对生产放射性同位素单位违反规定应承担的法律责任的规定。

第一，本条所指的违反本条例规定的四种情形均指违反条例第22条的有关规定。第22条规定“生产放射性同位素的单位，应当建立放射性同位素产品台账，并按照国务院环境保护主管部门制定的编码规则，对生产的放射源统一编码。放射性同位素产品台账和放射源编码清单应当报国务院环境保护主管部门备案……未列入产品台账的放射性同位素和未编码的放射源，不得出厂和销售。”

第二，按照本条规定，行使行政处罚权的机关是县级以上人民政府环境保护行政主管部门。本条规定的行政处罚有：

1. 责令限期改正，给予警告。即由县级以上人民政府环境保护行政主管部门对出现本条所列举的四种违法行为的单位发出处罚通知，责令在一定的期限内改正其违法行为。违法单位在接到责令限期改正的行政处罚后，应当在规定的期限内改正其违法行为。责令限期整改的同时还应当给予警告处罚。

2. 收缴未备案的放射性同位素和未编码的放射源，处5万元以上10万元以下的罚款，并可以暂扣或者吊销许可证。

对于限期改正而违法单位逾期不改正的，本条规定了进一步的行政处罚，包括收缴其未备案的放射性同位素和未编码的放射源，处5万元以上10万元以下的罚款，这两种处罚应当同时进行。此外还可以根据违法单位的违法情节、违法造成的后果和悔改表现，决定并是否由原发证机关暂扣或者吊销许可证，是否给予这种处罚由行使处罚权的环保主管部门自由裁量。如果决定暂扣或吊销其许可证，则应与收缴未备案的放射性同位素、未编码的放射源和罚款同时进行。这三者均为违法单位逾期不改正的后续处罚措施。

第五十九条 违反本条例规定，生产、销售、使用放射性同位素和射线装置的单位有下列行为之一的，由县级以上人民政府环境保护主管部门责令停止违法行为，限期改正；逾期不改正的，由原发证机关指定有处理能力的单位代为处理或者实施退役，费用由生产、销售、使用放射性同位素和射线装置的单位承担，并处1万元以上10万元以下的罚款：

（一）未按照规定对废旧放射源进行处理的；

（二）未按照规定对使用Ⅰ类、Ⅱ类、Ⅲ类放射源的场所和生产放射性同位素的场所，以及终结运行后产生放射性污染的射线装置实施退役的。

【释义】本条是对持证单位违反废旧放射源处理和场所退役规定应承担法律责任的规定。

第一，本条第二款第（一）项所指的违法行为是指违反条例第32条规定的情形。第32条规定“生产、进口放射源的单位销售Ⅰ类、Ⅱ类、Ⅲ类放射源给其他单位使用的，应当与使用放射源的单位签订废旧放射源返回协议；使用放射源的单位应当按照废旧放射源返回协议规定将废旧放射源交回生产单位或者返回原出口方。确实无法交回生产单位或者返回原出口方的，送交有相应资质的放射性废物集中贮存单位贮存。使用放射源的单位应当按照国务院环境保护主管部门的规定，将Ⅳ类、Ⅴ类废旧放射源进行包装整备后送交有相应资质的放射性废物集中贮存单位贮存。”

本条第2款第（二）项所指的违法行为是指违反条例第33条规定的情形。条例第33条规定“使用Ⅰ类、Ⅱ类、Ⅲ类放射源的场所和生产放射性同位素的场所，以及终结运行后产生放射性污染的射线装置，应当依法实施退役。”

第二，按照本条规定，行使行政处罚权的机关是县级以上人民政府环境保护行政主管部门。本条规定的行政处罚有：

1. 责令停止违法行为，限期改正。县级以上人民政府环境保护主管部门在监督执法过程中，发现并确认生产、销售、使用放射性同位素与射线装置的单位有以上两种情况之一的，应当根据本条的规定，以行政命令的方式责令违法行为人立即停止其违法行为，并要求违法行为人在一定期限内改正其违法行为。责令停止违法行为，限期改正是对违法行为人首先采取的行政处罚措施。

2. 逾期不改正的，采取行政代履行的强制措施。所谓代履行是指法定义务人拒不履行或者履行法定义务达不到规定的要求，行政机关指定其他有履行能力的单位代为履行，履行费用由法定义务人承担的制度。它是一种间接的行政强制措施，是保证法定义务人履行义务的一种有效手段，在国外立法中已被广泛采用。目前该制度在我国环境监督管理领域中的主要应用是危险废物的代处置。

实施行政代履行有助于及时处理废旧放射源和放射性同位素的使用场所，可以及时、有效达到防治放射性污染的目的，是放射性污染防治立法的一大进步和突破。但由于行政代执行属于行政强制措施，其适用应当严格遵循以下条件限制：①必须是负有履行法定义务的法定义务人拒不履行而该义务又必须履行；②该义务如交由他人代为履行可以达到同一目的；③法律、法规中有明文规定的。

3. 罚款。除了实施代履行外，本条还规定对违法单位处以罚款处罚，额度为 1 万元以上 10 万元以下，这使违法行为人在经济上受到进一步惩罚。

第六十条 违反本条例规定，生产、销售、使用放射性同位素和射线装置的单位有下列行为之一的，由县级以上人民政府环境保护主管部门责令停止违法行为，限期改正；逾期不改正的，责令停产停业，并处 2 万元以上 20 万元以下的罚款；构成犯罪的，依法追究刑事责任：

（一）未按照规定对本单位的放射性同位素、射线装置安全和防护状况进行评估或者发现安全隐患不及时整改的；

（二）生产、销售、使用、贮存放射性同位素和射线装置的场所未按照规定设置安全和防护设施以及放射性标志的。

【释义】本条是对持证单位违反安全和防护规定应承担法律责任的规定。

第一，本条第 2 款第（一）项是指违反条例第 30 条规定的情形。第 30 条规定“生产、销售、使用放射性同位素和射线装置的单位，应当对本单位的放射性同位素、射线装置的安全和防护状况进行年度评估。发现安全隐患的，应当立即进行整改。”

本条第 2 款第（二）项是指违反条例第 34 条规定的行为。第 34 条规定“生产、销售，使用、贮存放射性同位素和射线装置的场所，应当按照国家有关规定设置明显的放射性标志，其入口处应当按照国家有关安全和防护标准的要求，设置安全和防护设施以及必要的防护安全联锁、报警装置或者工作信号。射线装置的生产调试和使用场所，应当具有防止误操作、防止工作人员和公众受到意外照射的安全措施。”

第二，按照本条规定，行使行政处罚权的机关是县级以上人民政府环境保护行政主管部门。本条规定的行政处罚有：

1. 责令停止违法行为，限期改正。即县级以上人民政府环境保护主管部门在监督执法过程中，发现并确认生产、销售使用放射性同位素与射线装置的单位有以上两种情况之一的，应当根据本条的规定，以行政命令的方式责令违法行为人立即停止其违法行为，并要求违法行为人在一定期限内改正其违法行为。责令停止违法行为，限期改正是对违法行为人首先采取的行政处罚措施。

2. 责令停产停业和罚款。限期改正而违法行为人逾期不改正的，本条规定了进一步的行政处罚，即责令停产停业并处罚款，数额为2万元以上20万元以下。

第三，构成犯罪的，依法追究刑事责任。

本条可能涉及的刑事责任有《刑法》第134条规定的重大责任事故罪、第135条规定的重大劳动安全事故罪、第136条规定规定的危险品肇事罪和第338条规定的重大环境污染事故罪。

重大责任事故罪、危险品肇事罪和重大环境污染事故罪在第54条的释义中已经介绍，这里简要介绍一下重大劳动安全事故罪。该罪是指工厂、矿山、林场、建筑企业或者其他企业、事业单位的劳动安全设施不符合国家规定，对事故隐患不采取措施，因而发生了重大伤亡事故或者造成其他严重后果的行为。

构成重大劳动安全事故罪必须符合以下条件：（1）生产、销售、使用放射性同位素与射线装置的单位的劳动安全设施，不符合国家规定。（2）经有关部门或者职工提出后，对事故隐患仍不采取措施。"经有关部门或者单位职工提出后"是一个前提条件。主要是县级以上人民政府的环保主管部门责令其停止违法行为、限期改正，纠正、消除事故隐患，同时，也包括本单位职工发现事故隐患提出意见、报告。（3）必须是发生了重大伤亡事故或者造成其他严重后果。其他严重后果主要是使国家财产、人民群众利益遭受重大损失。

根据刑法规定，构成这一犯罪，对直接责任人员判处刑罚，处三年以下有期徒刑或者拘役；情节特别恶劣的，即伤亡人数较多，造成公私财产损失特别严重以及社会影响特别恶劣的，处三年以上七年以下有期徒刑。

第六十一条　违反本条例规定，造成辐射事故的，由原发证机关责令限期改正，并处5万元以上20万元以下的罚款；情节严重的，由原发证机关吊销许可证；构成违反治安管理行为的，由公安机关依法予以治安处罚；构成犯罪的，依法追究刑事责任。

因辐射事故造成他人损害的，依法承担民事责任。

【释义】本条是对违反规定导致辐射事故应当承担法律责任的规定。

第一，本条中"违反本条例规定，造成辐射事故"是指违反条例所规定的任何有关义务，并由于违反义务导致发生辐射事故的情形。本条是属于用于弥补法律责任漏洞的兜底性条款，将条例科以义务，法律责任部分未予明确规定，但在实践中有可能出现的违法情况置于法律责任之下。

第二，按照本条规定，行使行政处罚权的机关是县级以上人民政府环境保护行政主管部门和公安机关。

（一）县级以上人民政府环境保护行政主管部门有权进行的行政处罚有：

1. 责令限期改正并处罚款。县级以上人民政府环境保护主管部门在监督执法过程中，发现并确认辐射工作单位有违反本条例规定，造成辐射事故情况的，应当根据本条的规定，要求违法行为人在一定期限内改正其违法行为并处以罚款，罚款额度为 5 万元以上 20 万元以下。责令限期改正并处罚款是对违法行为比较轻微的违法单位采取的行政处罚措施。

2. 吊销许可证。这是对情节严重，但尚未构成犯罪的违法单位所给予的行政处罚，也是本条例直接规定的最为严厉的处罚。

（二）构成违反治安管理行为的，由公安机关依法予以治安处罚。这是一条指引性条款，将违反条例规定，并且已经违反治安管理，但尚未构成犯罪的违法行为指引向公安机关，由公安机关依据《治安管理处罚条例》（2006 年 3 月 1 日起开始实施《中华人民共和国治安管理处罚法》，该条例同时废止）和其他有关法律法规进行处罚。违反治安管理的行为一般指扰乱社会秩序，妨害公共安全，侵犯公民人身权利，侵犯公私财产，尚不够刑事处罚的行为。

第三，构成犯罪的，依法追究刑事责任。本条可能涉及的刑事责任有《刑法》第 134 条规定的重大责任事故罪、第 135 条规定的重大劳动安全事故罪、第 136 条规定的危险品肇事罪、第 338 条规定的重大环境污染事故罪等。见第 54 条、第 60 条。

第四，本条例规定因辐射事故造成他人损害的，应当依法承担民事责任。

（一）民事责任是指公民、法人或者其他组织因违反合同或者不履行其他义务，或者由于过错侵害国家、集体财产或者他人财产权利、人身权利所应当承担的法律后果。民事责任主要包括两类：一是违反合同的民事责任，即违约责任；二是侵权的民事责任，即侵权责任。违约责任是指当事人一方不履行合同义务或者履行合同义务不符合约定的，应当承担的民事法律后果。侵权责任是指公民、法人或者其他组织实施侵权行为，侵害他人财产权利、人身权利，导致他人的合法权利受到损害，应当承担的民事法律后果。本条规定的辐射事故造成的他人损害所应承担的责任属于侵权责任。

（二）根据《民法通则》第 123 条规定：“从事高空、高压、易燃、易爆、剧毒、放射性、高速运输工具等对周围环境有高度危险的作业造成他人损害的，应当承担民事责任；如果能够证明损害是由受害人故意造成的，不承担民事责任。”这说明因辐射事故造成他人损害的侵权行为属于特殊侵权行为，适用无过错责任原则，即不以过错为承担责任的条件，加害人原则上应当对损害承担侵权责任，除非其能证明损害的发生是出于受害人的故意所致。如果可以证明受害人对于损害的发生有过失，法院可依据《民法通则》第 131 条关于过失相抵的规定，减轻加害人的责任。

（三）根据本条规定，辐射工作单位违反条例规定，发生辐射事故除依法承担相应的行政责任和刑事责任外，造成他人损害的，还应承担相应的民事责任。受害人可以依法请求民事赔偿。《民法通则》对承担民事责任的方式作了十项规定。民事责任的实质是法律强制加害人向受害人支付一笔金钱以弥补受害人所受到的损害。结合辐射事故损害的特点，辐射事故造成他人损害的民事责任主要有：停止侵害、赔偿损失。赔偿损失，即民事赔偿，包括直接损失和间接损失的赔偿金。就损害赔偿金问题既可以与加害人协商或者由环境保护行政主管部门调解解决，也可以直接向法院提起诉讼解决。

本条可以被民事诉讼援引，作为当事人提起民事损害赔偿诉讼的依据，有十分重要的现实意义。

第六十二条 生产、销售、使用放射性同位素和射线装置的单位被责令限期整改，逾期不整改或者经整改仍不符合原发证条件的，由原发证机关暂扣或者吊销许可证。

【释义】本条是对限期整改仍不符合要求的处罚的规定。

第一，限期整改是环境保护法较多采用的行政处罚措施，本条例法律责任部分也多处运用了该措施，规定违法单位应当限期整改，逾期不整改的将处以更加严厉的处罚。但是有关条款都没有对虽然进行了整改，但却没有达到改正要求的情况作出规定，这就出现了法律的漏洞，使限期整改措施可能被架空、流于形式。本条即是从弥补漏洞的角度对此作出了专门规定，使法律责任更趋严密。

第二，实施本条行政处罚的主体是原发证机关，处罚措施是暂扣或者吊销许可证。

第六十三条 违反本条例规定，被依法吊销许可证的单位或者伪造、变造许可证的单位，5 年内不得申请领取许可证。

【释义】本条是对申请许可证资格限制的规定。

本条是对生产、销售和使用放射性同位素和射线装置单位不履行在申请许可证时的承诺、违反许可证管理有关要求并被给予行政处罚后，增加的资格罚规定，该单位在被进行行政处罚后的 5 年期限内，无资格再次提出领取许可证的申请，环境保护主管部门在此期限内也不再受理该单位的许可申请。目的就是督促持证单位自觉遵守许可证管理的有关要求，在许可证有效期内、按照许可证规定的种类和范围从事放射性同位素和射线装置的生产、销售和使用活动，不得伪造、变造许可证。

条例第二章“许可与备案”对生产、销售、使用放射性同位素和射线装置的单位如何申请领取（包括延续）、变更或者注销许可证并必须按照许可证的规定从事活动作了明确规定，禁止伪造、变造、转让许可证。在第六章“法律责任”中，第52条、第53条、第55条、第56条、第58条、第61条、第62条等对不按照许可证规定从事生产、销售、使用活动或不遵守其他有关许可证管理要求的行为，明确规定了相应的行政处罚，如责令限期改正，给予警告，逾期不改正的，由原发证机关暂扣或吊销许可证等。

本条规定的资格罚与《行政许可法》第78条和第79条规定的诚信罚有所不同，但精神实质是一致的，也是符合《行政许可法》立法精神的。《行政许可法》第78条规定，申请人在申请行政许可时隐瞒有关情况或者提供虚假材料的，行政机关不予受理或者不予行政许可，并给予警告；行政许可申请属于直接关系公共安全、人身健康、生命财产安全事项的，申请人在一年内不得再次申请该行政许可。第79条规定，被许可人以欺骗、贿赂等不正当手段取得行政许可的，行政机关应当依法给予行政处罚；取得的行政许可属于直接关系公共安全、人身健康、生命财产安全事项的，申请人在三年内不得再次申请该行政许可；构成犯罪的，依法追究刑事责任。生产、销售、使用放射性同位素与射线装置的单位在申请领取许可证时，如发生上述规定的违法情形，也要受到相应的处罚。

第六十四条 县级以上地方人民政府环境保护主管部门的行政处罚权限的划分，由省、自治区、直辖市人民政府确定。

【释义】本条是对具体实施行政处罚权限的授权规定。

在本条例有关行政处罚的规定中，除有关涉及许可证管理的行政处罚（如暂扣或者吊销许可证），明确规定必须由原发证机关作出外，对其他违反本条例规定，应当给予行政处罚的，均是原则规定由县级以上人民政府环境保护主管部门作出，未明确规定国家、省、市、县四级人民政府环境保护主管部门应分别在何种情况下、怎样行使行政处罚权，因此根据立法精神，只要是违反本条例规定的行为，四级环境保护主管部门都有权依法给予相应的行政处罚，这也是环境保护立法中有关法律责任规定的惯例。但在实际执行过程中，确实存在因为法律规定的行政处罚权限太过笼统，导致一些违法行为不能得到及时、有效的制止或者不能受到相应的行政处罚，有些违法行为又有可能面临受到多次行政处罚等情形。为保障环境保护主管部门更好、更有效地行使行政处罚权、依法履行环境监管职责，同时也有利于群众与社会监督，本条明确授权，由省级人民政府对县级以上地方人民政府环境保护主管部门的行政处罚权限划分，根据本地区的实际情况作出具体规定。

做此条授权规定的主要考虑是：第一，放射性同位素与射线装置安全与防护管理内容复杂，涉及面广，技术要求高，全国各地经济技术发展水平不一致，对放射性同位素与射线装置的生产、销售、使用需求不均衡，各地监督管理任务轻重不一、实际管理水平参差不齐；第二，各省管辖区域范围大小不一，是实行集中管理还是分散管理应根据实际管理需要和行政执法成本来确定。因此按照因地制宜、实事求是、方便条例规定的执行及有利于监督管理的精神，各省、自治区、直辖市人民政府应根据本地区放射性同位素与射线装置安全与防护管理的实际需要和地方各级人民政府环境保护主管部门的监督管理能力，明确划分行使行政处罚的具体权限。

需要说明的是，本条仅是授权省级人民政府对本行政辖区内县、市、省三级环境保护主管部门行使行政处罚权限划分作出规定，而对国务院环境保护主管部门具体如何行使行政处罚权并未作出限制性规定，因此按照立法规定精神，国务院环境保护主管部门可以对任何违反本条例规定的行为依法实施行政处罚。在省级人民政府未对行政处罚权限作出明确划分前，地方各级环境保护主管部门对违法行为都有依法进行监督管理的义务和实施行政处罚的权力，任何环境保护主管部门都不得以此为借口不履行或拒绝履行监督管理职责，但在实施行政处罚时，必须按照《行政处罚法》的有关规定，对同一违法行为不得给予两次以上罚款的行政处罚。

第七章　附　　则

第六十五条　军用放射性同位素、射线装置安全和防护的监督管理，依照《中华人民共和国放射性污染防治法》第六十条的规定执行。

【释义】本条是关于军用放射性同位素、射线装置安全和防护的监督管理的规定。

一、本条例主要定位在规范民用放射性同位素、射线装置的安全和防护监督管理工作上，对于军用放射性同位素、射线装置的安全和防护问题，根据《中华人民共和国放射性污染防治法》第六十条的规定："军用设施、装备的放射性污染防治，由国务院和军队的有关主管部门依照本法规定的原则和国务院、中央军事委员会规定的职责实施监督管理"，应由军队的有关主管部门依照本条例中规定的原则和中央军事委员会划定的职责进行监督管理。同时，根据《中国人民解放军环境保护条例》第二条的规定："军队环境保护工作是国家环境保护事业的组成部分，应当贯彻执行国家有关环境保护的方针、政策、法规和标准，接受国家和地方政府环境保护部门的指导和监督"，军队有关部门在履行本条例规定的监督管理职责时，在保证军事机密的前提下，应接受国家和地方政府环境保护部门的指导和监督。根据有关法律规定，军用放射性同位素、射线装置是指涉及军事用途的放射性同位素和射线装置。

二、根据《环境保护法》、《大气污染防治法》、《水污染防治法》等法律规定，中央军委制定了《中国人民解放军环境保护条例》，中国人民解放军总后勤部制定了《军队企业环境保护管理办法》和《军队环境噪声污染防治规定》等一系列环境保护法规与规范性文件，对军队环境保护工作作了明确规定。《中国人民解放军环境保护条例》第三十条规定，对放射性物质、剧毒化学品及其废弃物必须严格管理，妥善处理。这些规定都是军队在贯彻放射性同位素、射线装置安全和防护监督管理工作时的依据。

第六十六条 劳动者在职业活动中接触放射性同位素和射线装置造成的职业病的防治，依照《中华人民共和国职业病防治法》和国务院有关规定执行。

【释义】本条是关于劳动者在职业活动中接触放射性同位素和射线装置造成的职业病防治应适用的法律法规的规定。

一、根据2002年5月1日起施行的《中华人民共和国职业病防治法》，职业病是指企事业单位和个体经济组织的劳动者在职业活动中，因接触粉尘、放射性物质和其他有毒、有害物质等因素引起的疾病。职业病的防治主要包括前期预防、劳动过程中的防护与管理、职业病诊断和职业病病人保障等内容。《中华人民共和国职业病防治法》是关于职业病防治的一般法，该一般法规定的原则、安全措施等当然适用于从事接触放射性同位素和射线装置的特殊职业劳动者。

二、与此同时，由于从事接触放射性同位素和射线装置的职业劳动者的特殊性，对放射性职业病的防治必须实行特殊管理。制定本条例的主要目的是，为了加强对放射性同位素、射线装置安全和防护的监督管理，保障工作人员和公众的健康，保护环境，促进放射性同位素和射线技术的安全应用。因此，除遵守有关职业病防治一般法外，从事接触放射性同位素和射线装置的职业劳动者还应遵守关于放射性同位素、射线装置安全和防护的特殊规定，即本条例和国务院制定的其他有关规定。

第六十七条 放射性同位素的运输，放射性同位素和射线装置生产、销售、使用过程中产生的放射性废物的处置，依照国务院有关规定执行。

【释义】本条是关于放射性同位素的运输，以及放射性同位素和射线装置生产、销售、使用过程中产生的放射性废物的处置的规定。

一、关于放射性同位素的运输问题。加强运输环节的管理是实现放射性同位素全过程监管，确保安全的重要一环。条例修订过程中，有一种意见认为，放射性同位素运输的危险性也很大，除了生产、销售、使用、转让、进出口环节外，条例中也应当对放射性同位素运输环节的管理作出规定。但考虑到《中华人民共和国放射性污染防治法》第十五条已授权国务院制定统一的运输放射性物质的具体管理办法，届时将对放射性物质的运输管理作出统一的规定，而放射性同位素的运输是放射性物质运输管理中的一部分重要内容，在制定放射性物质运输的管理办法时，会对放射性同位素的运输安全监管要求一并考虑。因此，条例没有对放射性同位素运输环节的管理作具体规定，本条对此只是作了衔接规定。

二、放射性同位素和射线装置生产、销售、使用过程中产生的放射性废物的处置问题。我国核工业发展50年来，已产生大量的各种放射性废物，放射性同位素和射线装置生产、销售、使用过程中产生的放射性废物就其数量和环境风险而言，只占其中很小一部分。《中华人民共和国放射性污染防治法》第四十五条规定："产生放射性固体废物的单位，应当按照国务院环境保护行政主管部门的规定，对其产生的放射性固体废物进行处理后，送交放射性固体废物处置单位处置，并承担处置费用"。第四十六条第一款规定："设立专门从事放射性固体废物贮存、处置的单位，必须经国务院环境保护行政主管部门审查批准，取得许可证，具体办法由国务院规定"。因此，条例没有对放射性同位素和射线装置生产、销售、使用过程中产生的放射性废物的处置问题作具体规定，留待国务院将来制定统一的放射性废物管理的具体办法，对各类放射性废物的处理处置活动进行统一规范时予以解决，在此作了衔接性规定。

第六十八条 本条例中下列用语的含义：

放射性同位素，是指某种发生放射性衰变的元素中具有相同原子序数但质量不同的核素。

放射源，是指除研究堆和动力堆核燃料循环范畴的材料以外，永久密封在容器中或者有严密包层并呈固态的放射性材料。

射线装置，是指X线机、加速器、中子发生器以及含放射源的装置。

非密封放射性物质，是指非永久密封在包壳里或者紧密地固结在覆盖层里的放射性物质。

转让，是指除进出口、回收活动之外，放射性同位素所有权或者使用权在不同持有者之间的转移。

伴有产生X射线的电器产品，是指不以产生X射线为目的，但在生产或者使用过程中产生X射线的电器产品。

辐射事故，是指放射源丢失、被盗、失控，或者放射性同位素和射线装置失控导致人员受到意外的异常照射。

【释义】本条是对本条例中若干用语含义的规定。

本条中的"放射性"是指某些核素自发地放出粒子或γ射线，或在轨道电子俘获之后放出X射线，或发生自发裂变的性质。"原子序数"是指原子核中的质子数。

本条中的“研究堆”是指主要用作基础研究或应用研究用的核反应堆。本条中的“动力堆”是指以产生能量为主要目的的核反应堆。“核燃料循环”是指核燃料所经历的包括燃料加工、核能利用和燃料后处理等一系列步骤。

本条中的“加速器”是指利用电磁场使带电粒子（如电子、质子及重粒子等）获得高能量的装置。本条中的“中子发生器”是指利用直流电压，能量在1MeV以下，通过（d，n）反应产生快中子的小型加速器。

本条中的“X射线”是指一种能量较高的电磁辐射，它来源于核外电子的跃迁或韧致辐射。

第六十九条 本条例自2005年12月1日起施行。1989年10月24日国务院发布的《放射性同位素与射线装置放射防护条例》同时废止。

【释义】 本条是关于《放射性同位素与射线装置安全和防护条例》生效日期和《放射性同位素与射线装置放射防护条例》效力终止日期的规定。

一、法的生效日期是任何一部法律、法规都要涉及的，在其正式通过以后，就产生在什么时间内有效、在什么地域范围内有效、对什么人有效的问题。这些问题构成了法的效力的三个方面：时间效力、空间效力和对人效力。其中，法的生效日期是关于法的时间效力问题的规定。

法的时间效力分为何时开始生效、何时效力终止和有无溯及力3个问题。任何法律都必须规定开始生效的时间，施行日期是法律得以实施必不可少的条件。《立法法》第五十一条明确要求：“法律应当明确规定施行日期。”法律施行日期一般有两种主要表达方式：一是在条文中直接规定：“本法自×年×月×日起施行”；二是在条文中不直接规定具体的生效日期，而是规定自公布之日起施行。本条例采用的是第一种方式，即直接规定自2005年12月1日起施行。

二、本条例的公布时间是2005年9月14日，施行时间则为2005年12月1日，其间相隔了近3个月。之所以施行日期同公布日期有一定时间的间隔，主要考虑法律自身性质和实施法律应做的准备工作需要时间：一是放射性同位素与射线装置的许可、安全和防护工作是一项技术性较强的法律，它所规定的一些制度与措施的实施还需要做一定的准备；二是需要加强相关各级管理部门及其相关工作人员对《放射性同位素与射线装置安全和防护条例》的学习和培训，为本条例的正式实施创造良好的条件；三是有关部门还需要大力开展法律的宣传教育工作，使从业者和公众对该法能够了解、学习、掌握与遵守。2005年12月1日本条例正式生效后，有关单位和个人都要严格遵守本条例，按照本条例的规定办事，有关部门尤其是主管部门要认真、严格地执行本条例，做守法、执法的模范，对于违反本条例的行为，主管部门要依法予以惩处，维护本条例的权威和尊严。

三、本次修改不是以修正案的形式对前法的补充，而是对1989年10月24日发布的《放射性同位素与射线装置放射防护条例》的全面修改，因此，在规定本条例的生效时间时，还必须对《放射性同位素与射线装置放射防护条例》的效力终止时间予以规定。通常而言，新法的生效时间也就是旧法效力的终止时间，因此，本条例规定2005年12月1日本条例施行之日，《放射性同位素与射线装置放射防护条例》同时废止。

《放射性同位素与射线装置安全和防护条例》编制说明

一、修改的必要性及主要依据

1989年国务院发布的《放射性同位素与射线装置放射防护条例》（以下简称“现行条例”）是我国第一部适用于辐射工作安全与防护监督管理的行政法规，对放射性污染防治，保护环境，保障工作人员与公众健康和促进核技术的开发与和平利用发挥了一定的积极作用。但是，随着我国核技术应用的迅速发展，以及我国经济体制改革的不断深入和法制建设的不断完善，现行条例规定的管理体制和制度愈显其局限性。

现行的多部门分散管理体制不能满足实际管理需要。放射性同位素和射线装置的应用涉及生产、进出口、销售、使用、运输、贮存、处置等多个环节，以及工业、农业、医疗、科研、教育等众多领域。按现行条例，我国对放射性同位素和射线装置实行分段管理、多头负责的监督管理模式，仅对生产、使用和销售三个环节的管理有规定，卫生部门负责颁发许可证，公安部门颁发登记证，环保部门负责审查有关单位的环境影响报告书，对其他环节则无明确的规定。15年的监督管理实践表明，这种分散管理的体制存在责任不清、易出现监管盲区和死角等问题。目前我国放射源事故平均每年发生约30起，大部分属于放射源丢失、被盗事件，已引起中央领导和各级政府高度关注。丢失、被盗的放射源多为闲散废弃放射源，这类放射源监管责任不明确，许可、登记部门可认为其已退出生产、使用和销售范畴，而其他部门按现行管理体制无从掌握放射源的动向，进而形成管理真空、失控。

现行条例缺少对放射源跟踪机制的规定，同时放射源闲散废弃后出路不明确，很多用源单位不愿或无力承担废弃放射源处理处置费用，而将废弃放射源贮存在极不安全的简陋设施内，给不法分子造成可乘之机。例如，2003年7月，甘肃某地报告丢失放射源，国务院领导高度重视并作出重要批示。据了解，丢源单位办理许可登记手续的放射源仅数十枚，在2002年环保、卫生、公安联合专项整治工作中，查出该单位拥有放射源约120枚，而丢源事件发生后该单位进行的内部清查结果表明，该单位实际拥有的放射源却在200枚以上。

近年来，国际社会对辐射安全越来越重视。国际原子能机构、世界卫生组织、国际劳工组织等6个国际组织联合制定了《国际电离辐射防护与辐射源安全基本标准》和一系列指导性文件。2003 年 9 月，国际原子能机构成员国大会批准了《放射源安全与保安行为准则》，并促请每个成员国向国际原子能机构总干事长做出书面承诺，支持和赞同原子能机构为加强安全和保安所做的努力，并遵守和执行《放射源安全与保安行为准则》。我国作为联合国国际原子能机构常任理事国，对国际社会加强辐射安全的努力一直给予积极支持。

世界各国对放射性同位素和射线装置的安全与防护管理模式不尽相同，但《放射源安全与保安行为准则》提出的监管要求和发达国家的通行做法基本上有以下共同特点：制定相应的法律法规；设立一个统一监督管理机构或指定一个“牵头”管理部门，并强调监督管理机构的“独立性”；对辐射工作单位实行许可管理；对放射性同位素实行从生产、销售、使用、报废等全过程监督管理；要求废弃放射源返回生产厂、供应商，或送交废物库或处置场；建立放射性同位素信息管理数据系统，对放射源实行动态跟踪管理。

我国现行条例规定的管理体制和制度与我国实际管理需要不相适应，也与国际先进管理模式相差很大，上述问题在制定《放射性污染防治法》时已注意到。2002 年 12 月，国务院在向全国人大常委会提请审议《放射性污染防治法（草案）》的说明中明确提出：“国务院决定对核技术利用的污染防治由国务院环境保护行政主管部门归口管理，在本法审议通过后，将对国务院发布的《放射性同位素与射线装置放射防护条例》进行修改，进一步明确归口管理的具体措施”。2003 年 12 月，中央机构编制委员会办公室下发了《关于放射源安全监管部门职责分工的通知》，进一步明确环保部门对全国放射源实行统一监管，理顺了原来放射源管理“政出多门、分段管理”的模式。经国务院同意，2004 年 4 月，国家环境保护总局会同卫生部、公安部在全国开展了为期 8 个月的“清查放射源，让百姓放心”专项行动，旨在进一步摸清我国放射源底数、安全收贮废弃放射源，加强对放射源的监督管理，维护社会的安全与稳定。

因此，修改《放射性同位素与射线装置放射防护条例》依据充分、时机成熟。

二、修改的主要内容及修改过程

送审稿共九章 63 条。根据国务院有关“决定对核技术利用的污染防治由国务院环境保护行政主管部门归口管理”和中央机构编制委员会办公室有关放射源安全管理部门职责分工的通知精神，送审稿明确了国务院环境保护主管部门对辐射工作实行归口管理，同时规定对放射性同位素与射线装置的生产、进出口、销售、使用、转让、运输、贮存、处置等各环节实行全过程统一监督管理。完善了对辐射工作单位实行安全许可制度和安全与防护监督检查制度；建立了放射性同位素备案制度；进一步充实对相关单位的安全与防护要求、放射性废物管理要求和辐射事故管理要求。

2002 年在全国人大常委会审议《放射性污染防治法（草案）》的同时，我局就开始了对《放射性同位素与射线装置放射防护条例》的修改工作。多次召开有关单位和专家参加的研讨会，并书面征求了国防科工委、公安部、卫生部、中国核工业集团公司、广东核电集团有限公司、中科院等部门和地方环保局的意见，并根据各方面意见，对征求意见稿作了逐条修改、论证，最终形成现修改送审稿，并经我局局务会议审议通过。

三、几个主要修改内容的说明

1. 关于条例名称的修改

现送审稿将条例名称《放射性同位素与射线装置放射防护条例》改为《放射性同位素与射线装置安全和防护条例》。主要理由是：一、体现国际上通行的对放射性同位素加强安全与保安管理的要求，《国际电离辐射防护与辐射源安全基本标准》和 2003 年国际原子能机构《放射源安全与保安行为准则》，强调了安全和保安在放射源管理中的重要作用；二、与《放射性污染防治法》规定的“预防为主、防治结合、严格管理、安全第一”方针相衔接；三、根据我国辐射事故的经验和教训，安全（包括保安）在防止事故的发生和减少人员的受照方面比单纯的防护起着更重要的作用；四、安全和防护的监督管理体现了政府职能转变的理念，也易于大众接受。

2. 关于监督管理体制的规定

根据国务院在向全国人大常委会提请审议《放射性污染防治法（草案）》说明中提出的，将修改《放射性同位素与射线装置放射防护条例》，进一步明确由国务院环境保护行政主管部门对核技术利用污染防治实行归口管理具体措施的精神，以及中央机构编制委员会办公室有关环保部门负责放射源的生产、进出口、销售、使用、运输、贮存和废弃处置安全统一监管，卫生、公安、商务、海关等有关部门分别承担相应的监管职责的通知精神，送审稿对现行条例规定的由卫生、公安部门办理放射工作许可登记、涉及放射性废气、废水和固体废物排放的由环保部门审批环境影响报告书（表），放射防护工作由卫生部门进行监督的内容作了相应修改。

送审稿规定：环境保护主管部门会同公安、卫生、商务、海关等部门按照各自的职能和本条例的有关规定，对辐射工作实施监督管理：（1）国务院环境保护主管部门和省、自治区、直辖市人民政府环境保护主管部门依照本条例的规定，负责辐射工作安全与防护的统一监管，负责辐射工作许可证（以下简称许可证）颁发和放射性同位素备案及监督检查，负责辐射安全关键岗位工作的专业技术人员的执业资格管理，负责辐射事故的应急、调查处理和定性定级，组织开展有关环境监测，负责辐射工作安全与防护信息的发布。设区的市级人民政府环境保护主管部门依据本条例的规定履行监督管理职责。（2）公安部门负责对放射性同位素保安的监督管理；负责丢失和被盗放射性同位素的立案、侦查和追缴；参与放射性同位素的辐射事故应急工作。（3）卫生部门参与辐射事故应急工作，负责辐射事故的医学应急。（4）商务部门会同环境保护主管部门公布《放射性同位素进出口管理目录》。海关根据《放射性同位素进出口管理目录》，验凭环境保护主管部门核发的放射性同位素进出口备案单办理海关相关手续。（5）国务院指定部门根据环境保护主管部门确定的辐射事故的性质和级别，负责有关国际信息的通报工作。（修改送审稿第4条）

3. 关于适用范围的规定

根据国际管理经验和我国辐射工作管理实际需要，以及中央机构编制委员会办公室有关环保部门负责放射源的生产、进出口、销售、使用、运输、贮存和废弃处置安全统一监管的通知精神，送审稿将对放射性同位素实行分阶段管理改为全过程监督管理，即由原来只管理生产、销售和使用三个环节扩展为生产、进出口、销售、使用、运输、贮存、处置等各个环节，实行“从摇篮到坟墓”的全过程管理。同时考虑到《放射性污染防治法》已将放射性废物处理处置设施作为核设施进行管理、并授权国务院制定有关放射性物质和含放射源的射线装置的运输规定，因此送审稿规定：在中华人民共和国境内从事生产、进口、出口、销售、使用、贮存放射性同位素和生产、销售、使用射线装置活动（以下简称辐射工作）的单位，必须遵守本条例。放射性同位素运输及辐射工作中产生的放射性废物处置按照国务院有关规定执行。（修改送审稿第2条）

4. 关于放射源分类管理的规定

放射源分类是实现放射源科学管理的重要基础，有利于放射源管理和辐射事故管理更加科学、合理。国际原子能机构（IAEA）向世界各国推荐的《放射源分类》（TECDOC－1344）是放射源安全和保安管理等许多相关活动的基础，这些活动包括：根据放射源的分类，制订或修改国家放射源安全标准；建立或调整国家放射源监督管理措施；在资源有限时优化放射源的管理；优化放射源的保安措施；放射源进出口控制；制定辐射事故应急和响应计划；有关放射源管理和辐射事故的公众宣传与信息发布。因此送审稿采纳了上述思想，明确规定：国家对放射性同位素实行分类管理。根据放射源的活度及其对人体健康和环境的风险不同，将放射源分为五类：1 类源为极高危险源，2 类源为高危险源，3 类源为危险源，4 类源为低危险源，5 类源为极低危险源。具体分类办法由国务院环境保护主管部门制定。非密封放射性物质分类办法参照本条第 2 款的规定执行。（修改送审稿第 7 条）

5. 关于对辐射工作单位实行许可管理的规定

根据国务院有关由环境保护主管部门对核技术利用污染防治实行归口管理和中央机构编制委员会办公室有关环保部门负责放射源安全统一监管精神，送审稿将辐射工作单位向卫生部门申请许可、到公安部门办理许可证登记的制度改为辐射工作单位向环保部门申请领取许可证并办理登记手续，由环保部门通报同级公安部门，简化了手续，方便了申请单位。送审稿规定：从事生产、进口、出口、销售、使用、贮存放射性同位素和生产、销售、使用射线装置活动的单位，必须按照本条例的规定向环境保护主管部门申请许可证，并办理登记手续。（修改送审稿第 8 条）

同时根据《行政许可法》有关设立行政许可必须规定行政许可的条件、实施机关、程序和期限的要求，送审稿设专章对辐射工作许可证的申领条件、审批机关、审批程序、期限及许可证的变更与换发等都做了明确、具体的规定。（详见修改送审稿第二章：许可证的申请与颁发）

6. 关于放射性同位素备案的规定

送审稿在保留现行条例对辐射工作单位实施许可制度的同时，根据《放射性污染防治法》第 29 条的规定，建立放射性同位素备案制度，体现了由单纯管理辐射工作单位到进一步严格管理放射性同位素，特别是重点控制放射源转移的监管思路转变。放射源是一种流动性非常强的特殊危险物品，失控经常发生在流动转移过程中，只管住单位不控制放射源的转移是不能保证安全的，对放射源实行编码（身份证）管理是目前最有效的源头控制和跟踪监督的办法。因此，在对辐射工作单位实行许可证管理的同时，建立以放射源为核心，对生产和进口的放射源进行统一编码，确定放射源的“身份”，只有取得身份编码的放射源才能出厂、进口和销售，从源头上掌握和控制进入用户的放射源的底数；在放射源的每一转移环节采用转移备案制度，实现全过程、动态跟踪，避免某些环节上的管理漏洞。

因此送审稿规定，国家对放射性同位素的生产、进口、出口和转让实行备案制度，并对放射源进行统一编码。放射源编码规则由国务院环境保护主管部门制定。未备案的放射性同位素及未取得编码的放射源不得销售和进口。国务院环境保护主管部门负责建立放射性同位素备案信息管理系统（修改送审稿第十九条）。同时对生产、进口、出口、转移放射性同位素备案的机关、程序、内容等做了明确规定（详见修改送审稿第四章：放射性同位素备案）。

7. 关于辐射事故管理的规定

根据辐射事故管理的实际需要，加强对辐射事故的应急管理、提高应急响应能力、控制和消除辐射事故的影响，规范辐射事故的信息发布机关，在现行条例规定的基础上，增加了有关编制辐射事故应急预案和辐射事故信息发布的内容。送审稿规定：根据辐射事故对人体和环境的危害程度，将辐射事故分为一般事故、较大事故、重大事故和特大事故四个等级。辐射事故信息由省级以上环境保护主管部门统一向社会发布。辐射工作单位、公安部门、设区的市级以上环保部门应当制定辐射事故应急预案，做好应急准备，保持应急响应能力。辐射事故应急预案包括下列内容：（1）应急机构和职责分工；（2）应急人员的组织和应急、救助装备、资金、物资准备；（3）辐射事故分级与应急响应措施；（4）辐射事故调查、报告和处理程序。（修改送审稿第四十四条、第四十五条）

另外，现行条例对法律责任仅作了原则性规定，送审稿增加了有针对性的条款，明确了对每一违法行为的具体处罚规定，提高了可操作性。

中华人民共和国国务院令

第 253 号

《建设项目环境保护管理条例》已经 1998 年 11 月 18 日国务院第 10 次常务会议通过，现予公布施行。

总理　朱镕基

一九九九年十一月二十九日

建设项目环境保护管理条例

第一章　总　　则

第一条　为了防止建设项目产生新的污染、破坏生态环境，制定本条例。

第二条　在中华人民共和国领域和中华人民共和国管辖的其他海域内建设对环境有影响的建设项目，适用本条例。

第三条　建设产生污染的建设项目，必须遵守污染物排放的国家标准和地方标准；在实施重点污染物排放总量控制的区域内，还必须符合重点污染物排放总量控制的要求。

第四条　工业建设项目应当采用能耗物耗小、污染物产生量少的清洁生产工艺，合理利用自然资源，防止环境污染和生态破坏。

第五条　改建、扩建项目和技术改造项目必须采取措施，治理与该项目有关的原有环境污染和生态破坏。

第二章　环境影响评价

第六条　国家实行建设项目环境影响评价制度。

建设项目的环境影响评价工作，由取得相应资格证书的单位承担。

第七条 国家根据建设项目对环境的影响程度，按照下列规定对建设项目的环境保护实行分类管理：

（一）建设项目对环境可能造成重大影响的，应当编制环境影响报告书，对建设项目产生的污染和对环境的影响进行全面、详细的评价；

（二）建设项目对环境可能造成轻度影响的，应当编制环境影响报告表，对建设项目产生的污染和对环境的影响进行分析或者专项评价；

（三）建设项目对环境影响很小，不需要进行环境影响评价的，应当填报环境影响登记表。

建设项目环境保护分类管理名录，由国务院环境保护行政主管部门制订并公布。

第八条 建设项目环境影响报告书，应当包括下列内容：

（一）建设项目概况；

（二）建设项目周围环境现状；

（三）建设项目对环境可能造成影响的分析和预测；

（四）环境保护措施及其经济、技术论证；

（五）环境影响经济损益分析；

（六）对建设项目实施环境监测的建议；

（七）环境影响评价结论。

涉及水土保持的建设项目，还必须有经水行政主管部门审查同意的水土保持方案。

建设项目环境影响报告表、环境影响登记表的内容和格式，由国务院环境保护行政主管部门规定。

第九条 建设单位应当在建设项目可行性研究阶段报批建设项目环境影响报告书、环境影响报告表或者环境影响登记表；但是，铁路、交通等建设项目，经有审批权的环境保护行政主管部门同意，可以在初步设计完成前报批环境影响报告书或者环境影响报告表。

按照国家有关规定，不需要进行可行性研究的建设项目，建设单位应当在建设项目开工前报批建设项目环境影响报告书、环境影响报告表或者环境影响登记表；其中，需要办理营业执照的，建设单位应当在办理营业执照前报批建设项目环境影响报告书、环境影响报告表或者环境影响登记表。

第十条 建设项目环境影响报告书、环境影响报告表或者环境影响登记表，由建设单位报有审批权的环境保护行政主管部门审批；建设项目有行业主管部门的，其环境影响报告书或者环境影响报告表应当经行业主管部门预审后，报有审批权的环境保护行政主管部门审批。

海岸工程建设项目环境影响报告书或者环境影响报告表，经海洋行政主管部门审核并签署意见后，报环境保护行政主管部门审批。

环境保护行政主管部门应当自收到建设项目环境影响报告书之日起60日内、收到环境影响报告表之日起30日内、收到环境影响登记表之日起15日内，分别作出审批决定并书面通知建设单位。

预审、审核、审批建设项目环境影响报告书、环境影响报告表或者环境影响登记表，不得收取任何费用。

第十一条 国务院环境保护行政主管部门负责审批下列建设项目环境影响报告书、环境影响报告表或者环境影响登记表：

（一）核设施、绝密工程等特殊性质的建设项目；

（二）跨省、自治区、直辖市行政区域的建设项目；

（三）国务院审批的或者国务院授权有关部门审批的建设项目。

前款规定以外的建设项目环境影响报告书、环境影响报告表或者环境影响登记表的审批权限，由省、自治区、直辖市人民政府规定。

建设项目造成跨行政区域环境影响，有关环境保护行政主管部门对环境影响评价结论有争议的，其环境影响报告书或者环境影响报告表由共同上一级环境保护行政主管部门审批。

第十二条 建设项目环境影响报告书、环境影响报告表或者环境影响登记表经批准后，建设项目的性质、规模、地点或者采用的生产工艺发生重大变化的，建设单位应当重新报批建设项目环境影响报告书、环境影响报告表或者环境影响登记表。

建设项目环境影响报告书、环境影响报告表或者环境影响登记表自批准之日起满5年，建设项目方开工建设的，其环境影响报告书、环境影响报告表或者环境影响登记表应当报原审批机关重新审核。原审批机关应当自收到建设项目环境影响报告书、环境影响报告表或者环境影响登记表之日起10日内，将审核意见书面通知建设单位；逾期未通知的，视为审核同意。

第十三条 国家对从事建设项目环境影响评价工作的单位实行资格审查制度。

从事建设项目环境影响评价工作的单位，必须取得国务院环境保护行政主管部门颁发的资格证书，按照资格证书规定的等级和范围，从事建设项目环境影响评价工作，并对评价结论负责。

国务院环境保护行政主管部门对已经颁发资格证书的从事建设项目环境影响评价工作的单位名单，应当定期予以公布。

具体办法由国务院环境保护行政主管部门制定。

从事建设项目环境影响评价工作的单位，必须严格执行国家规定的收费标准。

第十四条 建设单位可以采取公开招标的方式，选择从事环境影响评价工作的单位，对建设项目进行环境影响评价。

任何行政机关不得为建设单位指定从事环境影响评价工作的单位，进行环境影响评价。

第十五条 建设单位编制环境影响报告书，应当依照有关法律规定，征求建设项目所在地有关单位和居民的意见。

第三章 环境保护设施建设

第十六条 建设项目需要配套建设的环境保护设施，必须与主体工程同时设计、同时施工、同时投产使用。

第十七条 建设项目的初步设计，应当按照环境保护设计规范的要求，编制环境保护篇章，并依据经批准的建设项目环境影响报告书或者环境影响报告表，在环境保护篇章中落实防治环境污染和生态破坏的措施以及环境保护设施投资概算。

第十八条 建设项目的主体工程完工后，需要进行试生产的，其配套建设的环境保护设施必须与主体工程同时投入试运行。

第十九条 建设项目试生产期间，建设单位应当对环境保护设施运行情况和建设项目对环境的影响进行监测。

第二十条 建设项目竣工后，建设单位应当向审批该建设项目环境影响报告书、环境影响报告表或者环境影响登记表的环境保护行政主管部门，申请该建设项目需要配套建设的环境保护设施竣工验收。

环境保护设施竣工验收，应当与主体工程竣工验收同时进行。需要进行试生产的建设项目，建设单位应当自建设项目投入试生产之日起 3 个月内，向审批该建设项目环境影响报告书、环境影响报告表或者环境影响登记表的环境保护行政主管部门，申请该建设项目需要配套建设的环境保护设施竣工验收。

第二十一条 分期建设、分期投入生产或者使用的建设项目，其相应的环境保护设施应当分期验收。

第二十二条 环境保护行政主管部门应当自收到环境保护设施竣工验收申请之日起 30 日内，完成验收。

第二十三条 建设项目需要配套建设的环境保护设施经验收合格，该建设项目方可正式投入生产或者使用。

第四章　法律责任

第二十四条　违反本条例规定，有下列行为之一的，由负责审批建设项目环境影响报告书、环境影响报告表或者环境影响登记表的环境保护行政主管部门责令限期补办手续；逾期不补办手续，擅自开工建设的，责令停止建设，可以处10万元以下的罚款：

（一）未报批建设项目环境影响报告书、环境影响报告表或者环境影响登记表的；

（二）建设项目的性质、规模、地点或者采用的生产工艺发生重大变化，未重新报批建设项目环境影响报告书、环境影响报告表或者环境影响登记表的；

（三）建设项目环境影响报告书、环境影响报告表或者环境影响登记表自批准之日起满5年，建设项目方开工建设，其环境影响报告书、环境影响报告表或者环境影响登记表未报原审批机关重新审核的。

第二十五条　建设项目环境影响报告书、环境影响报告表或者环境影响登记表未经批准或者未经原审批机关重新审核同意，擅自开工建设的，由负责审批该建设项目环境影响报告书、环境影响报告表或者环境影响登记表的环境保护行政主管部门责令停止建设，限期恢复原状，可以处10万元以下的罚款。

第二十六条　违反本条例规定，试生产建设项目配套建设的环境保护设施未与主体工程同时投入试运行的，由审批该建设项目环境影响报告书、环境影响报告表或者环境影响登记表的环境保护行政主管部门责令限期改正；逾期不改正的，责令停止试生产，可以处5万元以下的罚款。

第二十七条　违反本条例规定，建设项目投入试生产超过3个月，建设单位未申请环境保护设施竣工验收的，由审批该建设项目环境影响报告书、环境影响报告表或者环境影响登记表的环境保护行政主管部门责令限期办理环境保护设施竣工验收手续；逾期未办理的，责令停止试生产，可以处5万元以下的罚款。

第二十八条　违反本条例规定，建设项目需要配套建设的环境保护设施未建成、未经验收或者经验收不合格，主体工程正式投入生产或者使用的，由审批该建设项目环境影响报告书、环境影响报告表或者环境影响登记表的环境保护行政主管部门责令停止生产或者使用，可以处10万元以下的罚款。

第二十九条　从事建设项目环境影响评价工作的单位，在环境影响评价工作中弄虚作假的，由国务院环境保护行政主管部门吊销资格证书，并处所收费用1倍以上3倍以下的罚款。

第三十条 环境保护行政主管部门的工作人员徇私舞弊、滥用职权、玩忽职守，构成犯罪的，依法追究刑事责任；尚不构成犯罪的，依法给予行政处分。

第五章 附 则

第三十一条 流域开发、开发区建设、城市新区建设和旧区改建等区域性开发，编制建设规划时，应当进行环境影响评价。具体办法由国务院环境保护行政主管部门会同国务院有关部门另行规定。

第三十二条 海洋石油勘探开发建设项目的环境保护管理，按照国务院关于海洋石油勘探开发环境保护管理的规定执行。

第三十三条 军事设施建设项目的环境保护管理，按照中央军事委员会的有关规定执行。

第三十四条 本条例自发布之日起施行。

中华人民共和国国务院令

第 562 号

《放射性物品运输安全管理条例》已经 2009 年 9 月 7 日国务院第 80 次常务会议通过，现予公布，自 2010 年 1 月 1 日起施行。

总理　温家宝
二〇〇九年九月十四日

放射性物品运输安全管理条例

第一章　总　　则

第一条　为了加强对放射性物品运输的安全管理，保障人体健康，保护环境，促进核能、核技术的开发与和平利用，根据《中华人民共和国放射性污染防治法》，制定本条例。

第二条　放射性物品的运输和放射性物品运输容器的设计、制造等活动，适用本条例。

本条例所称放射性物品，是指含有放射性核素，并且其活度和比活度均高于国家规定的豁免值的物品。

第三条　根据放射性物品的特性及其对人体健康和环境的潜在危害程度，将放射性物品分为一类、二类和三类。

一类放射性物品，是指Ⅰ类放射源、高水平放射性废物、乏燃料等释放到环境后对人体健康和环境产生重大辐射影响的放射性物品。

二类放射性物品，是指Ⅱ类和Ⅲ类放射源、中等水平放射性废物等释放到环境后对人体健康和环境产生一般辐射影响的放射性物品。

三类放射性物品，是指Ⅳ类和Ⅴ类放射源、低水平放射性废物、放射性药品等释放到环境后对人体健康和环境产生较小辐射影响的放射性物品。

放射性物品的具体分类和名录，由国务院核安全监管部门会同国务院公安、卫生、海关、交通运输、铁路、民航、核工业行业主管部门制定。

第四条 国务院核安全监管部门对放射性物品运输的核与辐射安全实施监督管理。

国务院公安、交通运输、铁路、民航等有关主管部门依照本条例规定和各自的职责，负责放射性物品运输安全的有关监督管理工作。

县级以上地方人民政府环境保护主管部门和公安、交通运输等有关主管部门，依照本条例规定和各自的职责，负责本行政区域放射性物品运输安全的有关监督管理工作。

第五条 运输放射性物品，应当使用专用的放射性物品运输包装容器（以下简称运输容器）。

放射性物品的运输和放射性物品运输容器的设计、制造，应当符合国家放射性物品运输安全标准。

国家放射性物品运输安全标准，由国务院核安全监管部门制定，由国务院核安全监管部门和国务院标准化主管部门联合发布。国务院核安全监管部门制定国家放射性物品运输安全标准，应当征求国务院公安、卫生、交通运输、铁路、民航、核工业行业主管部门的意见。

第六条 放射性物品运输容器的设计、制造单位应当建立健全责任制度，加强质量管理，并对所从事的放射性物品运输容器的设计、制造活动负责。

放射性物品的托运人（以下简称托运人）应当制定核与辐射事故应急方案，在放射性物品运输中采取有效的辐射防护和安全保卫措施，并对放射性物品运输中的核与辐射安全负责。

第七条 任何单位和个人对违反本条例规定的行为，有权向国务院核安全监管部门或者其他依法履行放射性物品运输安全监督管理职责的部门举报。

接到举报的部门应当依法调查处理，并为举报人保密。

第二章　放射性物品运输容器的设计

第八条 放射性物品运输容器设计单位应当建立健全和有效实施质量保证体系，按照国家放射性物品运输安全标准进行设计，并通过试验验证或者分析论证等方式，对设计的放射性物品运输容器的安全性能进行评价。

第九条 放射性物品运输容器设计单位应当建立健全档案制度，按照质量保证体系的要求，如实记录放射性物品运输容器的设计和安全性能评价过程。

进行一类放射性物品运输容器设计，应当编制设计安全评价报告书；进行二类放射性物品运输容器设计，应当编制设计安全评价报告表。

第十条 一类放射性物品运输容器的设计，应当在首次用于制造前报国务院核安全监管部门审查批准。

申请批准一类放射性物品运输容器的设计，设计单位应当向国务院核安全监管部门提出书面申请，并提交下列材料：

（一）设计总图及其设计说明书；

（二）设计安全评价报告书；

（三）质量保证大纲。

第十一条 国务院核安全监管部门应当自受理申请之日起45个工作日内完成审查，对符合国家放射性物品运输安全标准的，颁发一类放射性物品运输容器设计批准书，并公告批准文号；对不符合国家放射性物品运输安全标准的，书面通知申请单位并说明理由。

第十二条 设计单位修改已批准的一类放射性物品运输容器设计中有关安全内容的，应当按照原申请程序向国务院核安全监管部门重新申请领取一类放射性物品运输容器设计批准书。

第十三条 二类放射性物品运输容器的设计，设计单位应当在首次用于制造前，将设计总图及其设计说明书、设计安全评价报告表报国务院核安全监管部门备案。

第十四条 三类放射性物品运输容器的设计，设计单位应当编制设计符合国家放射性物品运输安全标准的证明文件并存档备查。

第三章 放射性物品运输容器的制造与使用

第十五条 放射性物品运输容器制造单位，应当按照设计要求和国家放射性物品运输安全标准，对制造的放射性物品运输容器进行质量检验，编制质量检验报告。

未经质量检验或者经检验不合格的放射性物品运输容器，不得交付使用。

第十六条 从事一类放射性物品运输容器制造活动的单位，应当具备下列条件：

（一）有与所从事的制造活动相适应的专业技术人员；

（二）有与所从事的制造活动相适应的生产条件和检测手段；

（三）有健全的管理制度和完善的质量保证体系。

第十七条 从事一类放射性物品运输容器制造活动的单位，应当申请领取一类放射性物品运输容器制造许可证（以下简称制造许可证）。

申请领取制造许可证的单位，应当向国务院核安全监管部门提出书面申请，并提交其符合本条例第十六条规定条件的证明材料和申请制造的运输容器型号。

禁止无制造许可证或者超出制造许可证规定的范围从事一类放射性物品运输容器的制造活动。

第十八条 国务院核安全监管部门应当自受理申请之日起45个工作日内完成审查，对符合条件的，颁发制造许可证，并予以公告；对不符合条件的，书面通知申请单位并说明理由。

第十九条 制造许可证应当载明下列内容：

（一）制造单位名称、住所和法定代表人；

（二）许可制造的运输容器的型号；

（三）有效期限；

（四）发证机关、发证日期和证书编号。

第二十条 一类放射性物品运输容器制造单位变更单位名称、住所或者法定代表人的，应当自工商变更登记之日起20日内，向国务院核安全监管部门办理制造许可证变更手续。

一类放射性物品运输容器制造单位变更制造的运输容器型号的，应当按照原申请程序向国务院核安全监管部门重新申请领取制造许可证。

第二十一条 制造许可证有效期为5年。

制造许可证有效期届满，需要延续的，一类放射性物品运输容器制造单位应当于制造许可证有效期届满6个月前，向国务院核安全监管部门提出延续申请。

国务院核安全监管部门应当在制造许可证有效期届满前作出是否准予延续的决定。

第二十二条 从事二类放射性物品运输容器制造活动的单位，应当在首次制造活动开始30日前，将其具备与所从事的制造活动相适应的专业技术人员、生产条件、检测手段，以及具有健全的管理制度和完善的质量保证体系的证明材料，报国务院核安全监管部门备案。

第二十三条 一类、二类放射性物品运输容器制造单位，应当按照国务院核安全监管部门制定的编码规则，对其制造的一类、二类放射性物品运输容器统一编码，并于每年1月31日前将上一年度的运输容器编码清单报国务院核安全监管部门备案。

第二十四条 从事三类放射性物品运输容器制造活动的单位，应当于每年1月31日前将上一年度制造的运输容器的型号和数量报国务院核安全监管部门备案。

第二十五条 放射性物品运输容器使用单位应当对其使用的放射性物品运输容器定期进行保养和维护，并建立保养和维护档案；放射性物品运输容器达到设计使用年限，或者发现放射性物品运输容器存在安全隐患的，应当停止使用，进行处理。

一类放射性物品运输容器使用单位还应当对其使用的一类放射性物品运输容器每两年进行一次安全性能评价，并将评价结果报国务院核安全监管部门备案。

第二十六条 使用境外单位制造的一类放射性物品运输容器的，应当在首次使用前报国务院核安全监管部门审查批准。

申请使用境外单位制造的一类放射性物品运输容器的单位，应当向国务院核安全监管部门提出书面申请，并提交下列材料：

（一）设计单位所在国核安全监管部门颁发的设计批准文件的复印件；

（二）设计安全评价报告书；

（三）制造单位相关业绩的证明材料；

（四）质量合格证明；

（五）符合中华人民共和国法律、行政法规规定，以及国家放射性物品运输安全标准或者经国务院核安全监管部门认可的标准的说明材料。

国务院核安全监管部门应当自受理申请之日起 45 个工作日内完成审查，对符合国家放射性物品运输安全标准的，颁发使用批准书；对不符合国家放射性物品运输安全标准的，书面通知申请单位并说明理由。

第二十七条 使用境外单位制造的二类放射性物品运输容器的，应当在首次使用前将运输容器质量合格证明和符合中华人民共和国法律、行政法规规定，以及国家放射性物品运输安全标准或者经国务院核安全监管部门认可的标准的说明材料，报国务院核安全监管部门备案。

第二十八条 国务院核安全监管部门办理使用境外单位制造的一类、二类放射性物品运输容器审查批准和备案手续，应当同时为运输容器确定编码。

第四章 放射性物品的运输

第二十九条 托运放射性物品的，托运人应当持有生产、销售、使用或者处置放射性物品的有效证明，使用与所托运的放射性物品类别相适应的运输容器进行包装，配备必要的辐射监测设备、防护用品和防盗、防破坏设备，并编制运输说明书、核与辐射事故应急响应指南、装卸作业方法、安全防护指南。

运输说明书应当包括放射性物品的品名、数量、物理化学形态、危害风险等内容。

第三十条 托运一类放射性物品的，托运人应当委托有资质的辐射监测机构对其表面污染和辐射水平实施监测，辐射监测机构应当出具辐射监测报告。

托运二类、三类放射性物品的，托运人应当对其表面污染和辐射水平实施监测，并编制辐射监测报告。

监测结果不符合国家放射性物品运输安全标准的，不得托运。

第三十一条 承运放射性物品应当取得国家规定的运输资质。承运人的资质管理，依照有关法律、行政法规和国务院交通运输、铁路、民航、邮政主管部门的规定执行。

第三十二条 托运人和承运人应当对直接从事放射性物品运输的工作人员进行运输安全和应急响应知识的培训，并进行考核；考核不合格的，不得从事相关工作。

托运人和承运人应当按照国家放射性物品运输安全标准和国家有关规定，在放射性物品运输容器和运输工具上设置警示标志。

国家利用卫星定位系统对一类、二类放射性物品运输工具的运输过程实行在线监控。具体办法由国务院核安全监管部门会同国务院有关部门制定。

第三十三条 托运人和承运人应当按照国家职业病防治的有关规定，对直接从事放射性物品运输的工作人员进行个人剂量监测，建立个人剂量档案和职业健康监护档案。

第三十四条 托运人应当向承运人提交运输说明书、辐射监测报告、核与辐射事故应急响应指南、装卸作业方法、安全防护指南，承运人应当查验、收存。托运人提交文件不齐全的，承运人不得承运。

第三十五条 托运一类放射性物品的，托运人应当编制放射性物品运输的核与辐射安全分析报告书，报国务院核安全监管部门审查批准。

放射性物品运输的核与辐射安全分析报告书应当包括放射性物品的品名、数量、运输容器型号、运输方式、辐射防护措施、应急措施等内容。

国务院核安全监管部门应当自受理申请之日起 45 个工作日内完成审查，对符合国家放射性物品运输安全标准的，颁发核与辐射安全分析报告批准书；对不符合国家放射性物品运输安全标准的，书面通知申请单位并说明理由。

第三十六条 放射性物品运输的核与辐射安全分析报告批准书应当载明下列主要内容：

（一）托运人的名称、地址、法定代表人；

（二）运输放射性物品的品名、数量；

（三）运输放射性物品的运输容器型号和运输方式；

（四）批准日期和有效期限。

第三十七条 一类放射性物品启运前，托运人应当将放射性物品运输的核与辐射安全分析报告批准书、辐射监测报告，报启运地的省、自治区、直辖市人民政府环境保护主管部门备案。

收到备案材料的环境保护主管部门应当及时将有关情况通报放射性物品运输的途经地和抵达地的省、自治区、直辖市人民政府环境保护主管部门。

第三十八条 通过道路运输放射性物品的，应当经公安机关批准，按照指定的时间、路线、速度行驶，并悬挂警示标志，配备押运人员，使放射性物品处于押运人员的监管之下。

通过道路运输核反应堆乏燃料的，托运人应当报国务院公安部门批准。通过道路运输其他放射性物品的，托运人应当报启运地县级以上人民政府公安机关批准。具体办法由国务院公安部门商国务院核安全监管部门制定。

第三十九条 通过水路运输放射性物品的，按照水路危险货物运输的法律、行政法规和规章的有关规定执行。

通过铁路、航空运输放射性物品的，按照国务院铁路、民航主管部门的有关规定执行。

禁止邮寄一类、二类放射性物品。邮寄三类放射性物品的，按照国务院邮政管理部门的有关规定执行。

第四十条 生产、销售、使用或者处置放射性物品的单位，可以依照《中华人民共和国道路运输条例》的规定，向设区的市级人民政府道路运输管理机构申请非营业性道路危险货物运输资质，运输本单位的放射性物品，并承担本条例规定的托运人和承运人的义务。

申请放射性物品非营业性道路危险货物运输资质的单位，应当具备下列条件：

（一）持有生产、销售、使用或者处置放射性物品的有效证明；

（二）有符合本条例规定要求的放射性物品运输容器；

（三）有具备辐射防护与安全防护知识的专业技术人员和经考试合格的驾驶人员；

（四）有符合放射性物品运输安全防护要求，并经检测合格的运输工具、设施和设备；

（五）配备必要的防护用品和依法经定期检定合格的监测仪器；

（六）有运输安全和辐射防护管理规章制度以及核与辐射事故应急措施。

放射性物品非营业性道路危险货物运输资质的具体条件，由国务院交通运输主管部门会同国务院核安全监管部门制定。

第四十一条 一类放射性物品从境外运抵中华人民共和国境内，或者途经中华人民共和国境内运输的，托运人应当编制放射性物品运输的核与辐射安全分析报告书，报国务院核安全监管部门审查批准。审查批准程序依照本条例第三十五条第三款的规定执行。

二类、三类放射性物品从境外运抵中华人民共和国境内，或者途经中华人民共和国境内运输的，托运人应当编制放射性物品运输的辐射监测报告，报国务院核安全监管部门备案。

托运人、承运人或者其代理人向海关办理有关手续，应当提交国务院核安全监管部门颁发的放射性物品运输的核与辐射安全分析报告批准书或者放射性物品运输的辐射监测报告备案证明。

第四十二条 县级以上人民政府组织编制的突发环境事件应急预案，应当包括放射性物品运输中可能发生的核与辐射事故应急响应的内容。

第四十三条 放射性物品运输中发生核与辐射事故的，承运人、托运人应当按照核与辐射事故应急响应指南的要求，做好事故应急工作，并立即报告事故发生地的县级以上人民政府环境保护主管部门。接到报告的环境保护主管部门应当立即派人赶赴现场，进行现场调查，采取有效措施控制事故影响，并及时向本级人民政府报告，通报同级公安、卫生、交通运输等有关主管部门。

接到报告的县级以上人民政府及其有关主管部门应当按照应急预案做好应急工作，并按照国家突发事件分级报告的规定及时上报核与辐射事故信息。

核反应堆乏燃料运输的核事故应急准备与响应，还应当遵守国家核应急的有关规定。

第五章 监督检查

第四十四条 国务院核安全监管部门和其他依法履行放射性物品运输安全监督管理职责的部门，应当依据各自职责对放射性物品运输安全实施监督检查。

国务院核安全监管部门应当将其已批准或者备案的一类、二类、三类放射性物品运输容器的设计、制造情况和放射性物品运输情况通报设计、制造单位所在地和运输途经地的省、自治区、直辖市人民政府环境保护主管部门。省、自治区、直辖市人民政府环境保护主管部门应当加强对本行政区域放射性物品运输安全的监督检查和监督性监测。

被检查单位应当予以配合，如实反映情况，提供必要的资料，不得拒绝和阻碍。

第四十五条 国务院核安全监管部门和省、自治区、直辖市人民政府环境保护主管部门以及其他依法履行放射性物品运输安全监督管理职责的部门进行监督检查，监督检查人员不得少于2人，并应当出示有效的行政执法证件。

国务院核安全监管部门和省、自治区、直辖市人民政府环境保护主管部门以及其他依法履行放射性物品运输安全监督管理职责的部门的工作人员，对监督检查中知悉的商业秘密负有保密义务。

第四十六条 监督检查中发现经批准的一类放射性物品运输容器设计确有重大设计安全缺陷的，由国务院核安全监管部门责令停止该型号运输容器的制造或者使用，撤销一类放射性物品运输容器设计批准书。

第四十七条 监督检查中发现放射性物品运输活动有不符合国家放射性物品运输安全标准情形的，或者一类放射性物品运输容器制造单位有不符合制造许可证规定条件情形的，应当责令限期整改；发现放射性物品运输活动可能对人体健康和环境造成核与辐射危害的，应当责令停止运输。

第四十八条 国务院核安全监管部门和省、自治区、直辖市人民政府环境保护主管部门以及其他依法履行放射性物品运输安全监督管理职责的部门，对放射性物品运输活动实施监测，不得收取监测费用。

国务院核安全监管部门和省、自治区、直辖市人民政府环境保护主管部门以及其他依法履行放射性物品运输安全监督管理职责的部门，应当加强对监督管理人员辐射防护与安全防护知识的培训。

第六章 法律责任

第四十九条 国务院核安全监管部门和省、自治区、直辖市人民政府环境保护主管部门或者其他依法履行放射性物品运输安全监督管理职责的部门有下列行为之一的，对直接负责的主管人员和其他直接责任人员依法给予处分；直接负责的主管人员和其他直接责任人员构成犯罪的，依法追究刑事责任：

（一）未依照本条例规定作出行政许可或者办理批准文件的；

（二）发现违反本条例规定的行为不予查处，或者接到举报不依法处理的；

（三）未依法履行放射性物品运输核与辐射事故应急职责的；

（四）对放射性物品运输活动实施监测、收取监测费用的；

（五）其他不依法履行监督管理职责的行为。

第五十条 放射性物品运输容器设计、制造单位有下列行为之一的，由国务院核安全监管部门责令停止违法行为，处50万元以上100万元以下的罚款；有违法所得的，没收违法所得：

（一）将未取得设计批准书的一类放射性物品运输容器设计用于制造的；

（二）修改已批准的一类放射性物品运输容器设计中有关安全内容，未重新取得设计批准书即用于制造的。

第五十一条 放射性物品运输容器设计、制造单位有下列行为之一的，由国务院核安全监管部门责令停止违法行为，处5万元以上10万元以下的罚款；有违法所得的，没收违法所得：

（一）将不符合国家放射性物品运输安全标准的二类、三类放射性物品运输容器设计用于制造的；

（二）将未备案的二类放射性物品运输容器设计用于制造的。

第五十二条 放射性物品运输容器设计单位有下列行为之一的，由国务院核安全监管部门责令限期改正；逾期不改正的，处1万元以上5万元以下的罚款：

（一）未对二类、三类放射性物品运输容器的设计进行安全性能评价的；

（二）未如实记录二类、三类放射性物品运输容器设计和安全性能评价过程的；

（三）未编制三类放射性物品运输容器设计符合国家放射性物品运输安全标准的证明文件并存档备查的。

第五十三条 放射性物品运输容器制造单位有下列行为之一的，由国务院核安全监管部门责令停止违法行为，处50万元以上100万元以下的罚款；有违法所得的，没收违法所得：

（一）未取得制造许可证从事一类放射性物品运输容器制造活动的；

（二）制造许可证有效期届满，未按照规定办理延续手续，继续从事一类放射性物品运输容器制造活动的；

（三）超出制造许可证规定的范围从事一类放射性物品运输容器制造活动的；

（四）变更制造的一类放射性物品运输容器型号，未按照规定重新领取制造许可证的；

（五）将未经质量检验或者经检验不合格的一类放射性物品运输容器交付使用的。

有前款第（三）项、第（四）项和第（五）项行为之一，情节严重的，吊销制造许可证。

第五十四条 一类放射性物品运输容器制造单位变更单位名称、住所或者法定代表人，未依法办理制造许可证变更手续的，由国务院核安全监管部门责令限期改正；逾期不改正的，处2万元的罚款。

第五十五条 放射性物品运输容器制造单位有下列行为之一的，由国务院核安全监管部门责令停止违法行为，处5万元以上10万元以下的罚款；有违法所得的，没收违法所得：

（一）在二类放射性物品运输容器首次制造活动开始前，未按照规定将有关证明材料报国务院核安全监管部门备案的；

（二）将未经质量检验或者经检验不合格的二类、三类放射性物品运输容器交付使用的。

第五十六条 放射性物品运输容器制造单位有下列行为之一的，由国务院核安全监管部门责令限期改正；逾期不改正的，处1万元以上5万元以下的罚款：

（一）未按照规定对制造的一类、二类放射性物品运输容器统一编码的；

（二）未按照规定将制造的一类、二类放射性物品运输容器编码清单报国务院核安全监管部门备案的；

（三）未按照规定将制造的三类放射性物品运输容器的型号和数量报国务院核安全监管部门备案的。

第五十七条 放射性物品运输容器使用单位未按照规定对使用的一类放射性物品运输容器进行安全性能评价，或者未将评价结果报国务院核安全监管部门备案的，由国务院核安全监管部门责令限期改正；逾期不改正的，处1万元以上5万元以下的罚款。

第五十八条 未按照规定取得使用批准书使用境外单位制造的一类放射性物品运输容器的，由国务院核安全监管部门责令停止违法行为，处50万元以上100万元以下的罚款。

未按照规定办理备案手续使用境外单位制造的二类放射性物品运输容器的，由国务院核安全监管部门责令停止违法行为，处5万元以上10万元以下的罚款。

第五十九条 托运人未按照规定编制放射性物品运输说明书、核与辐射事故应急响应指南、装卸作业方法、安全防护指南的，由国务院核安全监管部门责令限期改正；逾期不改正的，处1万元以上5万元以下的罚款。

托运人未按照规定将放射性物品运输的核与辐射安全分析报告批准书、辐射监测报告备案的，由启运地的省、自治区、直辖市人民政府环境保护主管部门责令限期改正；逾期不改正的，处1万元以上5万元以下的罚款。

第六十条 托运人或者承运人在放射性物品运输活动中，有违反有关法律、行政法规关于危险货物运输管理规定行为的，由交通运输、铁路、民航等有关主管部门依法予以处罚。

违反有关法律、行政法规规定邮寄放射性物品的，由公安机关和邮政管理部门依法予以处罚。在邮寄进境物品中发现放射性物品的，由海关依照有关法律、行政法规的规定处理。

第六十一条 托运人未取得放射性物品运输的核与辐射安全分析报告批准书托运一类放射性物品的，由国务院核安全监管部门责令停止违法行为，处50万元以上100万元以下的罚款。

第六十二条 通过道路运输放射性物品，有下列行为之一的，由公安机关责令限期改正，处2万元以上10万元以下的罚款；构成犯罪的，依法追究刑事责任：

（一）未经公安机关批准通过道路运输放射性物品的；

（二）运输车辆未按照指定的时间、路线、速度行驶或者未悬挂警示标志的；

（三）未配备押运人员或者放射性物品脱离押运人员监管的。

第六十三条 托运人有下列行为之一的，由启运地的省、自治区、直辖市人民政府环境保护主管部门责令停止违法行为，处5万元以上20万元以下的罚款：

（一）未按照规定对托运的放射性物品表面污染和辐射水平实施监测的；

（二）将经监测不符合国家放射性物品运输安全标准的放射性物品交付托运的；

（三）出具虚假辐射监测报告的。

第六十四条 未取得放射性物品运输的核与辐射安全分析报告批准书或者放射性物品运输的辐射监测报告备案证明，将境外的放射性物品运抵中华人民共和国境内，或者途经中华人民共和国境内运输的，由海关责令托运人退运该放射性物品，并依照海关法律、行政法规给予处罚；构成犯罪的，依法追究刑事责任。托运人不明的，由承运人承担退运该放射性物品的责任，或者承担该放射性物品的处置费用。

第六十五条 违反本条例规定，在放射性物品运输中造成核与辐射事故的，由县级以上地方人民政府环境保护主管部门处以罚款，罚款数额按照核与辐射事故造成的直接损失的20%计算；构成犯罪的，依法追究刑事责任。

托运人、承运人未按照核与辐射事故应急响应指南的要求，做好事故应急工作并报告事故的，由县级以上地方人民政府环境保护主管部门处5万元以上20万元以下的罚款。

因核与辐射事故造成他人损害的，依法承担民事责任。

第六十六条 拒绝、阻碍国务院核安全监管部门或者其他依法履行放射性物品运输安全监督管理职责的部门进行监督检查，或者在接受监督检查时弄虚作假的，由监督检查部门责令改正，处1万元以上2万元以下的罚款；构成违反治安管理行为的，由公安机关依法给予治安管理处罚；构成犯罪的，依法追究刑事责任。

第七章　附　　则

第六十七条 军用放射性物品运输安全的监督管理，依照《中华人民共和国放射性污染防治法》第六十条的规定执行。

第六十八条 本条例自2010年1月1日起施行。

中华人民共和国国务院令

第612号

《放射性废物安全管理条例》已经2011年11月30日国务院第183次常务会议通过，现予公布，自2012年3月1日起施行。

总理　温家宝
二〇一一年十二月二十日

放射性废物安全管理条例

第一章　总　　则

第一条　为了加强对放射性废物的安全管理，保护环境，保障人体健康，根据《中华人民共和国放射性污染防治法》，制定本条例。

第二条　本条例所称放射性废物，是指含有放射性核素或者被放射性核素污染，其放射性核素浓度或者比活度大于国家确定的清洁解控水平，预期不再使用的废弃物。

第三条　放射性废物的处理、贮存和处置及其监督管理等活动，适用本条例。

本条例所称处理，是指为了能够安全和经济地运输、贮存、处置放射性废物，通过净化、浓缩、固化、压缩和包装等手段，改变放射性废物的属性、形态和体积的活动。

本条例所称贮存，是指将废旧放射源和其他放射性固体废物临时放置于专门建造的设施内进行保管的活动。

本条例所称处置，是指将废旧放射源和其他放射性固体废物最终放置于专门建造的设施内并不再回取的活动。

第四条　放射性废物的安全管理，应当坚持减量化、无害化和妥善处置、永久安全的原则。

第五条 国务院环境保护主管部门统一负责全国放射性废物的安全监督管理工作。

国务院核工业行业主管部门和其他有关部门，依照本条例的规定和各自的职责负责放射性废物的有关管理工作。

县级以上地方人民政府环境保护主管部门和其他有关部门依照本条例的规定和各自的职责负责本行政区域放射性废物的有关管理工作。

第六条 国家对放射性废物实行分类管理。

根据放射性废物的特性及其对人体健康和环境的潜在危害程度，将放射性废物分为高水平放射性废物、中水平放射性废物和低水平放射性废物。

第七条 放射性废物的处理、贮存和处置活动，应当遵守国家有关放射性污染防治标准和国务院环境保护主管部门的规定。

第八条 国务院环境保护主管部门会同国务院核工业行业主管部门和其他有关部门建立全国放射性废物管理信息系统，实现信息共享。

国家鼓励、支持放射性废物安全管理的科学研究和技术开发利用，推广先进的放射性废物安全管理技术。

第九条 任何单位和个人对违反本条例规定的行为，有权向县级以上人民政府环境保护主管部门或者其他有关部门举报。接到举报的部门应当及时调查处理，并为举报人保密；经调查情况属实的，对举报人给予奖励。

第二章 放射性废物的处理和贮存

第十条 核设施营运单位应当将其产生的不能回收利用并不能返回原生产单位或者出口方的废旧放射源（以下简称废旧放射源），送交取得相应许可证的放射性固体废物贮存单位集中贮存，或者直接送交取得相应许可证的放射性固体废物处置单位处置。

核设施营运单位应当对其产生的除废旧放射源以外的放射性固体废物和不能经净化排放的放射性废液进行处理，使其转变为稳定的、标准化的固体废物后自行贮存，并及时送交取得相应许可证的放射性固体废物处置单位处置。

第十一条 核技术利用单位应当对其产生的不能经净化排放的放射性废液进行处理，转变为放射性固体废物。

核技术利用单位应当及时将其产生的废旧放射源和其他放射性固体废物，送交取得相应许可证的放射性固体废物贮存单位集中贮存，或者直接送交取得相应许可证的放射性固体废物处置单位处置。

第十二条 专门从事放射性固体废物贮存活动的单位，应当符合下列条件，并依照本条例的规定申请领取放射性固体废物贮存许可证：

（一）有法人资格；

（二）有能保证贮存设施安全运行的组织机构和3名以上放射性废物管理、辐射防护、环境监测方面的专业技术人员，其中至少有1名注册核安全工程师；

（三）有符合国家有关放射性污染防治标准和国务院环境保护主管部门规定的放射性固体废物接收、贮存设施和场所，以及放射性检测、辐射防护与环境监测设备；

（四）有健全的管理制度以及符合核安全监督管理要求的质量保证体系，包括质量保证大纲、贮存设施运行监测计划、辐射环境监测计划和应急方案等。

核设施营运单位利用与核设施配套建设的贮存设施，贮存本单位产生的放射性固体废物的，不需要申请领取贮存许可证；贮存其他单位产生的放射性固体废物的，应当依照本条例的规定申请领取贮存许可证。

第十三条 申请领取放射性固体废物贮存许可证的单位，应当向国务院环境保护主管部门提出书面申请，并提交其符合本条例第十二条规定条件的证明材料。

国务院环境保护主管部门应当自受理申请之日起20个工作日内完成审查，对符合条件的颁发许可证，予以公告；对不符合条件的，书面通知申请单位并说明理由。

国务院环境保护主管部门在审查过程中，应当组织专家进行技术评审，并征求国务院其他有关部门的意见。技术评审所需时间应当书面告知申请单位。

第十四条 放射性固体废物贮存许可证应当载明下列内容：

（一）单位的名称、地址和法定代表人；

（二）准予从事的活动种类、范围和规模；

（三）有效期限；

（四）发证机关、发证日期和证书编号。

第十五条 放射性固体废物贮存单位变更单位名称、地址、法定代表人的，应当自变更登记之日起20日内，向国务院环境保护主管部门申请办理许可证变更手续。

放射性固体废物贮存单位需要变更许可证规定的活动种类、范围和规模的，应当按照原申请程序向国务院环境保护主管部门重新申请领取许可证。

第十六条 放射性固体废物贮存许可证的有效期为10年。

许可证有效期届满，放射性固体废物贮存单位需要继续从事贮存活动的，应当于许可证有效期届满 90 日前，向国务院环境保护主管部门提出延续申请。

国务院环境保护主管部门应当在许可证有效期届满前完成审查，对符合条件的准予延续；对不符合条件的，书面通知申请单位并说明理由。

第十七条 放射性固体废物贮存单位应当按照国家有关放射性污染防治标准和国务院环境保护主管部门的规定，对其接收的废旧放射源和其他放射性固体废物进行分类存放和清理，及时予以清洁解控或者送交取得相应许可证的放射性固体废物处置单位处置。

放射性固体废物贮存单位应当建立放射性固体废物贮存情况记录档案，如实完整地记录贮存的放射性固体废物的来源、数量、特征、贮存位置、清洁解控、送交处置等与贮存活动有关的事项。

放射性固体废物贮存单位应当根据贮存设施的自然环境和放射性固体废物特性采取必要的防护措施，保证在规定的贮存期限内贮存设施、容器的完好和放射性固体废物的安全，并确保放射性固体废物能够安全回取。

第十八条 放射性固体废物贮存单位应当根据贮存设施运行监测计划和辐射环境监测计划，对贮存设施进行安全性检查，并对贮存设施周围的地下水、地表水、土壤和空气进行放射性监测。

放射性固体废物贮存单位应当如实记录监测数据，发现安全隐患或者周围环境中放射性核素超过国家规定的标准的，应当立即查找原因，采取相应的防范措施，并向所在地省、自治区、直辖市人民政府环境保护主管部门报告。构成辐射事故的，应当立即启动本单位的应急方案，并依照《中华人民共和国放射性污染防治法》、《放射性同位素与射线装置安全和防护条例》的规定进行报告，开展有关事故应急工作。

第十九条 将废旧放射源和其他放射性固体废物送交放射性固体废物贮存、处置单位贮存、处置时，送交方应当一并提供放射性固体废物的种类、数量、活度等资料和废旧放射源的原始档案，并按照规定承担贮存、处置的费用。

第三章 放射性废物的处置

第二十条 国务院核工业行业主管部门会同国务院环境保护主管部门根据地质、环境、社会经济条件和放射性固体废物处置的需要，在征求国务院有关部门意见并进行环境影响评价的基础上编制放射性固体废物处置场所选址规划，报国务院批准后实施。

有关地方人民政府应当根据放射性固体废物处置场所选址规划，提供放射性固体废物处置场所的建设用地，并采取有效措施支持放射性固体废物的处置。

第二十一条 建造放射性固体废物处置设施，应当按照放射性固体废物处置场所选址技术导则和标准的要求，与居住区、水源保护区、交通干道、工厂和企业等场所保持严格的安全防护距离，并对场址的地质构造、水文地质等自然条件以及社会经济条件进行充分研究论证。

第二十二条 建造放射性固体废物处置设施，应当符合放射性固体废物处置场所选址规划，并依法办理选址批准手续和建造许可证。不符合选址规划或者选址技术导则、标准的，不得批准选址或者建造。

高水平放射性固体废物和 α 放射性固体废物深地质处置设施的工程和安全技术研究、地下实验、选址和建造，由国务院核工业行业主管部门组织实施。

第二十三条 专门从事放射性固体废物处置活动的单位，应当符合下列条件，并依照本条例的规定申请领取放射性固体废物处置许可证：

（一）有国有或者国有控股的企业法人资格。

（二）有能保证处置设施安全运行的组织机构和专业技术人员。低、中水平放射性固体废物处置单位应当具有 10 名以上放射性废物管理、辐射防护、环境监测方面的专业技术人员，其中至少有 3 名注册核安全工程师；高水平放射性固体废物和 α 放射性固体废物处置单位应当具有 20 名以上放射性废物管理、辐射防护、环境监测方面的专业技术人员，其中至少有 5 名注册核安全工程师。

（三）有符合国家有关放射性污染防治标准和国务院环境保护主管部门规定的放射性固体废物接收、处置设施和场所，以及放射性检测、辐射防护与环境监测设备。低、中水平放射性固体废物处置设施关闭后应满足 300 年以上的安全隔离要求；高水平放射性固体废物和 α 放射性固体废物深地质处置设施关闭后应满足 1 万年以上的安全隔离要求。

（四）有相应数额的注册资金。低、中水平放射性固体废物处置单位的注册资金应不少于 3 000 万元；高水平放射性固体废物和 α 放射性固体废物处置单位的注册资金应不少于 1 亿元。

（五）有能保证其处置活动持续进行直至安全监护期满的财务担保。

（六）有健全的管理制度以及符合核安全监督管理要求的质量保证体系，包括质量保证大纲、处置设施运行监测计划、辐射环境监测计划和应急方案等。

第二十四条 放射性固体废物处置许可证的申请、变更、延续的审批权限和程序，以及许可证的内容、有效期限，依照本条例第十三条至第十六条的规定执行。

第二十五条 放射性固体废物处置单位应当按照国家有关放射性污染防治标准和国务院环境保护主管部门的规定，对其接收的放射性固体废物进行处置。

放射性固体废物处置单位应当建立放射性固体废物处置情况记录档案，如实记录处置的放射性固体废物的来源、数量、特征、存放位置等与处置活动有关的事项。放射性固体废物处置情况记录档案应当永久保存。

第二十六条 放射性固体废物处置单位应当根据处置设施运行监测计划和辐射环境监测计划，对处置设施进行安全性检查，并对处置设施周围的地下水、地表水、土壤和空气进行放射性监测。

放射性固体废物处置单位应当如实记录监测数据，发现安全隐患或者周围环境中放射性核素超过国家规定标准的，应当立即查找原因，采取相应的防范措施，并向国务院环境保护主管部门和核工业行业主管部门报告。构成辐射事故的，应当立即启动本单位的应急方案，并依照《中华人民共和国放射性污染防治法》、《放射性同位素与射线装置安全和防护条例》的规定进行报告，开展有关事故应急工作。

第二十七条 放射性固体废物处置设施设计服役期届满，或者处置的放射性固体废物已达到该设施的设计容量，或者所在地区的地质构造或者水文地质等条件发生重大变化导致处置设施不适宜继续处置放射性固体废物的，应当依法办理关闭手续，并在划定的区域设置永久性标记。

关闭放射性固体废物处置设施的，处置单位应当编制处置设施安全监护计划，报国务院环境保护主管部门批准。

放射性固体废物处置设施依法关闭后，处置单位应当按照经批准的安全监护计划，对关闭后的处置设施进行安全监护。放射性固体废物处置单位因破产、吊销许可证等原因终止的，处置设施关闭和安全监护所需费用由提供财务担保的单位承担。

第四章 监督管理

第二十八条 县级以上人民政府环境保护主管部门和其他有关部门，依照《中华人民共和国放射性污染防治法》和本条例的规定，对放射性废物处理、贮存和处置等活动的安全性进行监督检查。

第二十九条 县级以上人民政府环境保护主管部门和其他有关部门进行监

督检查时，有权采取下列措施：

（一）向被检查单位的法定代表人和其他有关人员调查、了解情况；

（二）进入被检查单位进行现场监测、检查或者核查；

（三）查阅、复制相关文件、记录以及其他有关资料；

（四）要求被检查单位提交有关情况说明或者后续处理报告。

被检查单位应当予以配合，如实反映情况，提供必要的资料，不得拒绝和阻碍。

县级以上人民政府环境保护主管部门和其他有关部门的监督检查人员依法进行监督检查时，应当出示证件，并为被检查单位保守技术秘密和业务秘密。

第三十条 核设施营运单位、核技术利用单位和放射性固体废物贮存、处置单位，应当按照放射性废物危害的大小，建立健全相应级别的安全保卫制度，采取相应的技术防范措施和人员防范措施，并适时开展放射性废物污染事故应急演练。

第三十一条 核设施营运单位、核技术利用单位和放射性固体废物贮存、处置单位，应当对其直接从事放射性废物处理、贮存和处置活动的工作人员进行核与辐射安全知识以及专业操作技术的培训，并进行考核；考核合格的，方可从事该项工作。

第三十二条 核设施营运单位、核技术利用单位和放射性固体废物贮存单位应当按照国务院环境保护主管部门的规定定期如实报告放射性废物产生、排放、处理、贮存、清洁解控和送交处置等情况。

放射性固体废物处置单位应当于每年3月31日前，向国务院环境保护主管部门和核工业行业主管部门如实报告上一年度放射性固体废物接收、处置和设施运行等情况。

第三十三条 禁止将废旧放射源和其他放射性固体废物送交无相应许可证的单位贮存、处置或者擅自处置。

禁止无许可证或者不按照许可证规定的活动种类、范围、规模和期限从事放射性固体废物贮存、处置活动。

第三十四条 禁止将放射性废物和被放射性污染的物品输入中华人民共和国境内或者经中华人民共和国境内转移。具体办法由国务院环境保护主管部门会同国务院商务主管部门、海关总署、国家出入境检验检疫主管部门制定。

第五章 法律责任

第三十五条 负有放射性废物安全监督管理职责的部门及其工作人员违反

本条例规定，有下列行为之一的，对直接负责的主管人员和其他直接责任人员，依法给予处分；直接负责的主管人员和其他直接责任人员构成犯罪的，依法追究刑事责任：

（一）违反本条例规定核发放射性固体废物贮存、处置许可证的；

（二）违反本条例规定批准不符合选址规划或者选址技术导则、标准的处置设施选址或者建造的；

（三）对发现的违反本条例的行为不依法查处的；

（四）在办理放射性固体废物贮存、处置许可证以及实施监督检查过程中，索取、收受他人财物或者谋取其他利益的；

（五）其他徇私舞弊、滥用职权、玩忽职守行为。

第三十六条 违反本条例规定，核设施营运单位、核技术利用单位有下列行为之一的，由审批该单位立项环境影响评价文件的环境保护主管部门责令停止违法行为，限期改正；逾期不改正的，指定有相应许可证的单位代为贮存或者处置，所需费用由核设施营运单位、核技术利用单位承担，可以处 20 万元以下的罚款；构成犯罪的，依法追究刑事责任：

（一）核设施营运单位未按照规定，将其产生的废旧放射源送交贮存、处置，或者将其产生的其他放射性固体废物送交处置的；

（二）核技术利用单位未按照规定，将其产生的废旧放射源或者其他放射性固体废物送交贮存、处置的。

第三十七条 违反本条例规定，有下列行为之一的，由县级以上人民政府环境保护主管部门责令停止违法行为，限期改正，处 10 万元以上 20 万元以下的罚款；造成环境污染的，责令限期采取治理措施消除污染，逾期不采取治理措施，经催告仍不治理的，可以指定有治理能力的单位代为治理，所需费用由违法者承担；构成犯罪的，依法追究刑事责任：

（一）核设施营运单位将废旧放射源送交无相应许可证的单位贮存、处置，或者将其他放射性固体废物送交无相应许可证的单位处置，或者擅自处置的；

（二）核技术利用单位将废旧放射源或者其他放射性固体废物送交无相应许可证的单位贮存、处置，或者擅自处置的；

（三）放射性固体废物贮存单位将废旧放射源或者其他放射性固体废物送交无相应许可证的单位处置，或者擅自处置的。

第三十八条 违反本条例规定，有下列行为之一的，由省级以上人民政府环境保护主管部门责令停产停业或者吊销许可证；有违法所得的，没收违法所得；违法所得 10 万元以上的，并处违法所得 1 倍以上 5 倍以下的罚款；没有违法所得或者违法所得不足 10 万元的，并处 5 万元以上 10 万元以下的罚款；造成环境污染的，责令限期采取治理措施消除污染，逾期不采取治理措施，经催告仍不治理的，可以指定有治理能力的单位代为治理，所需费用由违法者承担；构成犯罪的，依法追究刑事责任：

（一）未经许可，擅自从事废旧放射源或者其他放射性固体废物的贮存、处置活动的；

（二）放射性固体废物贮存、处置单位未按照许可证规定的活动种类、范围、规模、期限从事废旧放射源或者其他放射性固体废物的贮存、处置活动的；

（三）放射性固体废物贮存、处置单位未按照国家有关放射性污染防治标准和国务院环境保护主管部门的规定贮存、处置废旧放射源或者其他放射性固体废物的。

第三十九条 放射性固体废物贮存、处置单位未按照规定建立情况记录档案，或者未按照规定进行如实记录的，由省级以上人民政府环境保护主管部门责令限期改正，处 1 万元以上 5 万元以下的罚款；逾期不改正的，处 5 万元以上 10 万元以下的罚款。

第四十条 核设施营运单位、核技术利用单位或者放射性固体废物贮存、处置单位未按照本条例第三十二条的规定如实报告有关情况的，由县级以上人民政府环境保护主管部门责令限期改正，处 1 万元以上 5 万元以下的罚款；逾期不改正的，处 5 万元以上 10 万元以下的罚款。

第四十一条 违反本条例规定，拒绝、阻碍环境保护主管部门或者其他有关部门的监督检查，或者在接受监督检查时弄虚作假的，由监督检查部门责令改正，处 2 万元以下的罚款；构成违反治安管理行为的，由公安机关依法给予治安管理处罚；构成犯罪的，依法追究刑事责任。

第四十二条 核设施营运单位、核技术利用单位或者放射性固体废物贮存、处置单位未按照规定对有关工作人员进行技术培训和考核的，由县级以上人民政府环境保护主管部门责令限期改正，处 1 万元以上 5 万元以下的罚款；逾期不改正的，处 5 万元以上 10 万元以下的罚款。

第四十三条 违反本条例规定，向中华人民共和国境内输入放射性废物或者被放射性污染的物品，或者经中华人民共和国境内转移放射性废物或者被放射性污染的物品的，由海关责令退运该放射性废物或者被放射性污染的物品，并处 50 万元以上 100 万元以下的罚款；构成犯罪的，依法追究刑事责任。

第六章　附　　则

第四十四条　军用设施、装备所产生的放射性废物的安全管理，依照《中华人民共和国放射性污染防治法》第六十条的规定执行。

第四十五条　放射性废物运输的安全管理、放射性废物造成污染事故的应急处理，以及劳动者在职业活动中接触放射性废物造成的职业病防治，依照有关法律、行政法规的规定执行。

第四十六条　本条例自 2012 年 3 月 1 日起施行。

国家环境保护总局令

第13号

《建设项目竣工环境保护验收管理办法》，已于2001年12月11日经国家环境保护总局第12次局务会议通过，现予发布，自2002年2月1日起施行。

国家环境保护总局局长　解振华

二〇〇一年十二月二十七日

建设项目竣工环境保护验收管理办法

第一条　为加强建设项目竣工环境保护验收管理，监督落实环境保护设施与建设项目主体工程同时投产或者使用，以及落实其他需配套采取的环境保护措施，防治环境污染和生态破坏，根据《建设项目环境保护管理条例》和其他有关法律、法规规定，制定本办法。

第二条　本办法适用于环境保护行政主管部门负责审批环境影响报告书（表）或者环境影响登记表的建设项目竣工环境保护验收管理。

第三条　建设项目竣工环境保护验收是指建设项目竣工后，环境保护行政主管部门根据本办法规定，依据环境保护验收监测或调查结果，并通过现场检查等手段，考核该建设项目是否达到环境保护要求的活动。

第四条　建设项目竣工环境保护验收范围包括：

（一）与建设项目有关的各项环境保护设施，包括为防治污染和保护环境所建成或配备的工程、设备、装置和监测手段，各项生态保护设施；

（二）环境影响报告书（表）或者环境影响登记表和有关项目设计文件规定应采取的其他各项环境保护措施。

第五条　国务院环境保护行政主管部门负责制定建设项目竣工环境保护验收管理规范，指导并监督地方人民政府环境保护行政主管部门的建设项目竣工环境保护验收工作，并负责对其审批的环境影响报告书（表）或者环境影响登记表的建设项目竣工环境保护验收工作。

县级以上地方人民政府环境保护行政主管部门按照环境影响报告书（表）或环境影响登记表的审批权限负责建设项目竣工环境保护验收。

第六条 建设项目的主体工程完工后，其配套建设的环境保护设施必须与主体工程同时投入生产或者运行。需要进行试生产的，其配套建设的环境保护设施必须与主体工程同时投入试运行。

第七条 建设项目试生产前，建设单位应向有审批权的环境保护行政主管部门提出试生产申请。

对国务院环境保护行政主管部门审批环境影响报告书（表）或环境影响登记表的非核设施建设项目，由建设项目所在地省、自治区、直辖市人民政府环境保护行政主管部门负责受理其试生产申请，并将其审查决定报送国务院环境保护行政主管部门备案。

核设施建设项目试运行前，建设单位应向国务院环境保护行政主管部门报批首次装料阶段的环境影响报告书，经批准后，方可进行试运行。

第八条 环境保护行政主管部门应自接到试生产申请之日起 30 日内，组织或委托下一级环境保护行政主管部门对申请试生产的建设项目环境保护设施及其他环境保护措施的落实情况进行现场检查，并做出审查决定。

对环境保护设施已建成及其他环境保护措施已按规定要求落实的，同意试生产申请；对环境保护设施或其他环境保护措施未按规定建成或落实的，不予同意，并说明理由。逾期未做出决定的，视为同意。

试生产申请经环境保护行政主管部门同意后，建设单位方可进行试生产。

第九条 建设项目竣工后，建设单位应当向有审批权的环境保护行政主管部门，申请该建设项目竣工环境保护验收。

第十条 进行试生产的建设项目，建设单位应当自试生产之日起 3 个月内，向有审批权的环境保护行政主管部门申请该建设项目竣工环境保护验收。

对试生产 3 个月确不具备环境保护验收条件的建设项目，建设单位应当在试生产的 3 个月内，向有审批权的环境保护行政主管部门提出该建设项目环境保护延期验收申请，说明延期验收的理由及拟进行验收的时间。经批准后建设单位方可继续进行试生产。试生产的期限最长不超过一年。核设施建设项目试生产的期限最长不超过两年。

第十一条 根据国家建设项目环境保护分类管理的规定，对建设项目竣工环境保护验收实施分类管理。

建设单位申请建设项目竣工环境保护验收，应当向有审批权的环境保护行政主管部门提交以下验收材料：

（一）对编制环境影响报告书的建设项目，为建设项目竣工环境保护验收申请报告，并附环境保护验收监测报告或调查报告；

（二）对编制环境影响报告表的建设项目，为建设项目竣工环境保护验收申请表，并附环境保护验收监测表或调查表；

（三）对填报环境影响登记表的建设项目，为建设项目竣工环境保护验收登记卡。

第十二条 对主要因排放污染物对环境产生污染和危害的建设项目，建设单位应提交环境保护验收监测报告（表）。

对主要对生态环境产生影响的建设项目，建设单位应提交环境保护验收调查报告（表）。

第十三条 环境保护验收监测报告（表），由建设单位委托经环境保护行政主管部门批准有相应资质的环境监测站或环境放射性监测站编制。

环境保护验收调查报告（表），由建设单位委托经环境保护行政主管部门批准有相应资质的环境监测站或环境放射性监测站，或者具有相应资质的环境影响评价单位编制。承担该建设项目环境影响评价工作的单位不得同时承担该建设项目环境保护验收调查报告（表）的编制工作。

承担环境保护验收监测或者验收调查工作的单位，对验收监测或验收调查结论负责。

第十四条 环境保护行政主管部门应自收到建设项目竣工环境保护验收申请之日起30日内，完成验收。

第十五条 环境保护行政主管部门在进行建设项目竣工环境保护验收时，应组织建设项目所在地的环境保护行政主管部门和行业主管部门等成立验收组（或验收委员会）。

验收组（或验收委员会）应对建设项目的环境保护设施及其他环境保护措施进行现场检查和审议，提出验收意见。

建设项目的建设单位、设计单位、施工单位、环境影响报告书（表）编制单位、环境保护验收监测（调查）报告（表）的编制单位应当参与验收。

第十六条 建设项目竣工环境保护验收条件是：

（一）建设前期环境保护审查、审批手续完备，技术资料与环境保护档案资料齐全；

（二）环境保护设施及其他措施等已按批准的环境影响报告书（表）或者环境影响登记表和设计文件的要求建成或者落实，环境保护设施经负荷试车检测合格，其防治污染能力适应主体工程的需要；

（三）环境保护设施安装质量符合国家和有关部门颁发的专业工程验收规范、规程和检验评定标准；

（四）具备环境保护设施正常运转的条件，包括：经培训合格的操作人员、健全的岗位操作规程及相应的规章制度，原料、动力供应落实，符合交付使用的其他要求；

（五）污染物排放符合环境影响报告书（表）或者环境影响登记表和设计文件中提出的标准及核定的污染物排放总量控制指标的要求；

（六）各项生态保护措施按环境影响报告书（表）规定的要求落实，建设项目建设过程中受到破坏并可恢复的环境已按规定采取了恢复措施；

（七）环境监测项目、点位、机构设置及人员配备，符合环境影响报告书（表）和有关规定的要求；

（八）环境影响报告书（表）提出需对环境保护敏感点进行环境影响验证，对清洁生产进行指标考核，对施工期环境保护措施落实情况进行工程环境监理的，已按规定要求完成；

（九）环境影响报告书（表）要求建设单位采取措施削减其他设施污染物排放，或要求建设项目所在地地方政府或者有关部门采取“区域削减”措施满足污染物排放总量控制要求的，其相应措施得到落实。

第十七条 对符合第十六条规定的验收条件的建设项目，环境保护行政主管部门批准建设项目竣工环境保护验收申请报告、建设项目竣工环境保护验收申请表或建设项目竣工环境保护验收登记卡。

对填报建设项目竣工环境保护验收登记卡的建设项目，环境保护行政主管部门经过核查后，可直接在环境保护验收登记卡上签署验收意见，作出批准决定。

建设项目竣工环境保护验收申请报告、建设项目竣工环境保护验收申请表或者建设项目竣工环境保护验收登记卡未经批准的建设项目，不得正式投入生产或者使用。

第十八条 分期建设、分期投入生产或者使用的建设项目，按照本办法规定的程序分期进行环境保护验收。

第十九条 国家对建设项目竣工环境保护验收实行公告制度。环境保护行政主管部门应当定期向社会公告建设项目竣工环境保护验收结果。

第二十条 县级以上人民政府环境保护行政主管部门应当于每年 6 月底前和 12 月底前，将其前半年完成的建设项目竣工环境保护验收的有关材料报上一级环境保护行政主管部门备案。

第二十一条 违反本办法第六条规定，试生产建设项目配套建设的环境保护设施未与主体工程同时投入试运行的，由有审批权的环境保护行政主管部门依照《建设项目环境保护管理条例》第二十六条的规定，责令限期改正；逾期不改正的，责令停止试生产，可以处5万元以下罚款。

第二十二条 违反本办法第十条规定，建设项目投入试生产超过3个月，建设单位未申请建设项目竣工环境保护验收或者延期验收的，由有审批权的环境保护行政主管部门依照《建设项目环境保护管理条例》第二十七条的规定责令限期办理环境保护验收手续；逾期未办理的，责令停止试生产，可以处5万元以下罚款。

第二十三条 违反本办法规定，建设项目需要配套建设的环境保护设施未建成，未经建设项目竣工环境保护验收或者验收不合格，主体工程正式投入生产或者使用的，由有审批权的环境保护行政主管部门依照《建设项目环境保护管理条例》第二十八条的规定责令停止生产或者使用，可以处10万元以下的罚款。

第二十四条 从事建设项目竣工环境保护验收监测或验收调查工作的单位，在验收监测或验收调查工作中弄虚作假的，按照国务院环境保护行政主管部门的有关规定给予处罚。

第二十五条 环境保护行政主管部门的工作人员在建设项目竣工环境保护验收工作中徇私舞弊，滥用职权，玩忽职守，构成犯罪的，依法追究刑事责任；尚不构成犯罪的，依法给予行政处分。

第二十六条 建设项目竣工环境保护申请报告、申请表、登记卡以及环境保护验收监测报告（表）、环境保护验收调查报告（表）的内容和格式，由国务院环境保护行政主管部门统一规定。

第二十七条 本办法自2002年2月1日起施行。原国家环境保护局第十四号令《建设项目环境保护设施竣工验收规定》同时废止。

放射性同位素与射线装置安全许可管理办法

（2006年1月18日国家环境保护总局令第31号公布　根据2008年11月21日环境保护部2008年第2次部务会议通过的《关于修改〈放射性同位素与射线装置安全许可管理办法〉的决定》修正）

第一章　总　则

第一条　为实施《放射性同位素与射线装置安全和防护条例》规定的辐射安全许可制度，制定本办法。

第二条　在中华人民共和国境内生产、销售、使用放射性同位素与射线装置的单位（以下简称“辐射工作单位”），应当依照本办法的规定，取得辐射安全许可证（以下简称“许可证”）。

进口、转让放射性同位素，进行放射性同位素野外示踪试验，应当依照本办法的规定报批。

出口放射性同位素，应当依照本办法的规定办理有关手续。

使用放射性同位素的单位将放射性同位素转移到外省、自治区、直辖市使用的，应当依照本办法的规定备案。

本办法所称放射性同位素包括放射源和非密封放射性物质。

第三条　根据放射源与射线装置对人体健康和环境的潜在危害程度，从高到低，将放射源分为Ⅰ类、Ⅱ类、Ⅲ类、Ⅳ类、Ⅴ类，将射线装置分为Ⅰ类、Ⅱ类、Ⅲ类。

第四条　生产放射性同位素、销售和使用Ⅰ类放射源、销售和使用Ⅰ类射线装置的辐射工作单位的许可证，由国务院环境保护主管部门审批颁发。

前款规定之外的辐射工作单位的许可证，由省、自治区、直辖市人民政府环境保护主管部门（以下简称“省级环境保护主管部门”）审批颁发。

一个辐射工作单位生产、销售、使用多类放射源、射线装置或者非密封放射性物质的，只需要申请一个许可证。

辐射工作单位需要同时分别向国务院环境保护主管部门和省级环境保护主管部门申请许可证的，其许可证由国务院环境保护主管部门审批颁发。

环境保护主管部门应当将审批颁发许可证的情况通报同级公安部门、卫生主管部门。

第五条 省级以上人民政府环境保护主管部门可以委托下一级人民政府环境保护主管部门审批颁发许可证。

第六条 国务院环境保护主管部门负责对列入限制进出口目录的放射性同位素的进口进行审批。

国务院环境保护主管部门依照我国有关法律和缔结或者参加的国际条约、协定的规定，办理列入限制进出口目录的放射性同位素出口的有关手续。

省级环境保护主管部门负责以下活动的审批或备案：

（一）转让放射性同位素；

（二）转移放射性同位素到外省、自治区、直辖市使用；

（三）放射性同位素野外示踪试验；但有可能造成跨省界环境影响的放射性同位素野外示踪试验，由国务院环境保护主管部门审批。

第二章 许可证的申请与颁发

第七条 辐射工作单位在申请领取许可证前，应当组织编制或者填报环境影响评价文件，并依照国家规定程序报环境保护主管部门审批。

环境影响评价文件中的环境影响报告书或者环境影响报告表，应当由具有相应环境影响评价资质的机构编制。

第八条 根据放射性同位素与射线装置的安全和防护要求及其对环境的影响程度，对环境影响评价文件实行分类管理。

转让放射性同位素和射线装置的活动不需要编制环境影响评价文件。

第九条 申请领取许可证的辐射工作单位从事下列活动的，应当组织编制环境影响报告书：

（一）生产放射性同位素的（制备 PET 用放射性药物的除外）；

（二）使用Ⅰ类放射源的（医疗使用的除外）；

（三）销售（含建造）、使用Ⅰ类射线装置的。

第十条 申请领取许可证的辐射工作单位从事下列活动的，应当组织编制环境影响报告表：

（一）制备 PET 用放射性药物的；

（二）销售Ⅰ类、Ⅱ类、Ⅲ类放射源的；

（三）医疗使用Ⅰ类放射源的；

（四）使用Ⅱ类、Ⅲ类放射源的；

（五）生产、销售、使用Ⅱ类射线装置的。

第十一条 申请领取许可证的辐射工作单位从事下列活动的，应当填报环境影响登记表：

（一）销售、使用Ⅳ类、Ⅴ类放射源的；

（二）生产、销售、使用Ⅲ类射线装置的。

第十二条 辐射工作单位组织编制或者填报环境影响评价文件时，应当按照其规划设计的放射性同位素与射线装置的生产、销售、使用规模进行评价。

前款所称的环境影响评价文件，除按照国家有关环境影响评价的要求编制或者填报外，还应当包括对辐射工作单位从事相应辐射活动的技术能力、辐射安全和防护措施进行评价的内容。

第十三条 生产放射性同位素的单位申请领取许可证，应当具备下列条件：

（一）设有专门的辐射安全与环境保护管理机构。

（二）有不少于5名核物理、放射化学、核医学和辐射防护等相关专业的技术人员，其中具有高级职称的不少于1名。

生产半衰期大于60天的放射性同位素的单位，前项所指的专业技术人员应当不少于30名，其中具有高级职称的不少于6名。

（三）从事辐射工作的人员必须通过辐射安全和防护专业知识及相关法律法规的培训和考核，其中辐射安全关键岗位应当由注册核安全工程师担任。

（四）有与设计生产规模相适应，满足辐射安全和防护、实体保卫要求的放射性同位素生产场所、生产设施、暂存库或暂存设备，并拥有生产场所和生产设施的所有权。

（五）具有符合国家相关规定要求的运输、贮存放射性同位素的包装容器。

（六）具有符合国家放射性同位素运输要求的运输工具，并配备有5年以上驾龄的专职司机。

（七）配备与辐射类型和辐射水平相适应的防护用品和监测仪器，包括个人剂量测量报警、固定式和便携式辐射监测、表面污染监测、流出物监测等设备。

（八）建立健全的操作规程、岗位职责、辐射防护制度、安全保卫制度、设备检修维护制度、人员培训制度、台账管理制度和监测方案。

（九）建立事故应急响应机构，制定应急响应预案和应急人员的培训演习制度，有必要的应急装备和物资准备，有与设计生产规模相适应的事故应急处理能力。

（十）具有确保放射性废气、废液、固体废物达标排放的处理能力或者可行的处理方案。

第十四条 销售放射性同位素的单位申请领取许可证，应当具备下列条件：

（一）设有专门的辐射安全与环境保护管理机构，或者至少有1名具有本科以上学历的技术人员专职负责辐射安全与环境保护管理工作。

（二）从事辐射工作的人员必须通过辐射安全和防护专业知识及相关法律法规的培训和考核。

（三）需要暂存放射性同位素的，有满足辐射安全和防护、实体保卫要求的暂存库或设备。

（四）需要安装调试放射性同位素的，有满足防止误操作、防止工作人员和公众受到意外照射要求的安装调试场所。

（五）具有符合国家相关规定要求的贮存、运输放射性同位素的包装容器。

（六）运输放射性同位素能使用符合国家放射性同位素运输要求的运输工具。

（七）配备与辐射类型和辐射水平相适应的防护用品和监测仪器，包括个人剂量测量报警、便携式辐射监测、表面污染监测等仪器。

（八）有健全的操作规程、岗位职责、安全保卫制度、辐射防护措施、台账管理制度、人员培训计划和监测方案。

（九）有完善的辐射事故应急措施。

第十五条 生产、销售射线装置的单位申请领取许可证，应当具备下列条件：

（一）设有专门的辐射安全与环境保护管理机构，或至少有1名具有本科以上学历的技术人员专职负责辐射安全与环境保护管理工作。

（二）从事辐射工作的人员必须通过辐射安全和防护专业知识及相关法律法规的培训和考核。

（三）射线装置生产、调试场所满足防止误操作、防止工作人员和公众受到意外照射的安全要求。

（四）配备必要的防护用品和监测仪器。

（五）有健全的操作规程、岗位职责、辐射防护措施、台账管理制度、培训计划和监测方案。

（六）有辐射事故应急措施。

第十六条 使用放射性同位素、射线装置的单位申请领取许可证，应当具备下列条件：

（一）使用Ⅰ类、Ⅱ类、Ⅲ类放射源，使用Ⅰ类、Ⅱ类射线装置的，应当设有专门的辐射安全与环境保护管理机构，或者至少有1名具有本科以上学历的技术人员专职负责辐射安全与环境保护管理工作；其他辐射工作单位应当有1名具有大专以上学历的技术人员专职或者兼职负责辐射安全与环境保护管理工作；依据辐射安全关键岗位名录，应当设立辐射安全关键岗位的，该岗位应当由注册核安全工程师担任。

（二）从事辐射工作的人员必须通过辐射安全和防护专业知识及相关法律法规的培训和考核。

（三）使用放射性同位素的单位应当有满足辐射防护和实体保卫要求的放射源暂存库或设备。

（四）放射性同位素与射线装置使用场所有防止误操作、防止工作人员和公众受到意外照射的安全措施。

（五）配备与辐射类型和辐射水平相适应的防护用品和监测仪器，包括个人剂量测量报警、辐射监测等仪器。使用非密封放射性物质的单位还应当有表面污染监测仪。

（六）有健全的操作规程、岗位职责、辐射防护和安全保卫制度、设备检修维护制度、放射性同位素使用登记制度、人员培训计划、监测方案等。

（七）有完善的辐射事故应急措施。

（八）产生放射性废气、废液、固体废物的，还应具有确保放射性废气、废液、固体废物达标排放的处理能力或者可行的处理方案。

使用放射性同位素和射线装置开展诊断和治疗的单位，还应当配备质量控制检测设备，制定相应的质量保证大纲和质量控制检测计划，至少有一名医用物理人员负责质量保证与质量控制检测工作。

第十七条 将购买的放射源装配在设备中销售的辐射工作单位，按照销售和使用放射性同位素申请领取许可证。

第十八条 申请领取许可证的辐射工作单位应当向有审批权的环境保护主管部门提交下列材料：

（一）辐射安全许可证申请表（见附件一）；

（二）企业法人营业执照正、副本或者事业单位法人证书正、副本及法定代表人身份证原件及其复印件，审验后留存复印件；

（三）经审批的环境影响评价文件；

（四）满足本办法第十三条至第十六条相应规定的证明材料；

（五）单位现存的和拟新增加的放射源和射线装置明细表。

第十九条 环境保护主管部门在受理申请时，应当告知申请单位按照环境影响评价文件中描述的放射性同位素与射线装置的生产、销售、使用的规划设计规模申请许可证。

环境保护主管部门应当自受理申请之日起20个工作日内完成审查，符合条件的，颁发许可证，并予以公告；不符合条件的，书面通知申请单位并说明理由。

第二十条 许可证包括下列主要内容：

（一）单位的名称、地址、法定代表人；

（二）所从事活动的种类和范围；

（三）有效期限；

（四）发证日期和证书编号。

许可证中活动的种类分为生产、销售和使用三类；活动的范围是指辐射工作单位生产、销售、使用的所有放射性同位素的类别、总活度和射线装置的类别、数量。

许可证分为正本和副本（具体格式和内容见附件二），具有同等效力。

第二十一条 取得生产、销售、使用高类别放射性同位素与射线装置的许可证的辐射工作单位，从事低类别的放射性同位素与射线装置的生产、销售、使用活动，不需要另行申请低类别的放射性同位素与射线装置的许可证。

第二十二条 辐射工作单位变更单位名称、地址和法定代表人的，应当自变更登记之日起20日内，向原发证机关申请办理许可证变更手续，并提供以下有关材料：

（一）许可证变更申请报告；

（二）变更后的企业法人营业执照或事业单位法人证书正、副本复印件；

（三）许可证正、副本。

原发证机关审查同意后，换发许可证。

第二十三条 有下列情形之一的，持证单位应当按照本办法规定的许可证申请程序，重新申请领取许可证：

（一）改变许可证规定的活动的种类或者范围的；

（二）新建或者改建、扩建生产、销售、使用设施或者场所的。

第二十四条 许可证有效期为5年。有效期届满，需要延续的，应当于许可证有效期届满30日前向原发证机关提出延续申请，并提供下列材料：

（一）许可证延续申请报告；

（二）监测报告；

（三）许可证有效期内的辐射安全防护工作总结；

（四）许可证正、副本。

原发证机关应当自受理延续申请之日起，在许可证有效期届满前完成审查，符合条件的，予以延续，换发许可证，并使用原许可证的编号；不符合条件的，书面通知申请单位并说明理由。

第二十五条 辐射工作单位部分终止或者全部终止生产、销售、使用放射性同位素与射线装置活动的，应当向原发证机关提出部分变更或者注销许可证申请，由原发证机关核查合格后，予以变更或者注销许可证。

第二十六条 辐射工作单位因故遗失许可证的，应当及时到所在地省级报刊上刊登遗失公告，并于公告30日后的一个月内持公告到原发证机关申请补发。

第三章 进出口、转让、转移活动的审批与备案

第二十七条 进口列入限制进出口目录的放射性同位素的单位，应当在进口前报国务院环境保护主管部门审批；获得批准后，由国务院对外贸易主管部门依据对外贸易的有关规定签发进口许可证。国务院环境保护主管部门在批准放射源进口申请时，给定放射源编码。

分批次进口非密封放射性物质的单位，应当每6个月报国务院环境保护主管部门审批一次。

第二十八条 申请进口列入限制进出口目录的放射性同位素的单位，应当向国务院环境保护主管部门提交放射性同位素进口审批表，并提交下列材料：

（一）进口单位许可证复印件；

（二）放射性同位素使用期满后的处理方案，其中，进口Ⅰ类、Ⅱ类、Ⅲ类放射源的，应当提供原出口方负责从最终用户回收放射源的承诺文件复印件；

（三）进口放射源的明确标号和必要的说明文件的影印件或者复印件，其中，Ⅰ类、Ⅱ类、Ⅲ类放射源的标号应当刻制在放射源本体或者密封包壳体上，Ⅳ类、Ⅴ类放射源的标号应当记录在相应说明文件中；

（四）进口单位与原出口方之间签订的有效协议复印件；

（五）将进口的放射性同位素销售给其他单位使用的，还应当提供与使用单位签订的有效协议复印件，以及使用单位许可证复印件。

放射性同位素进口审批表的具体格式和内容见附件三。

第二十九条 国务院环境保护主管部门应当自受理放射性同位素进口申请之日起10个工作日内完成审查，符合条件的，予以批准；不符合条件的，书面通知申请单位并说明理由。

进口单位和使用单位应当在进口活动完成之日起20日内，分别将批准的放射性同位素进口审批表报送各自所在地的省级环境保护主管部门。

第三十条 出口列入限制进出口目录的放射性同位素的单位，应当向国务院环境保护主管部门提交放射性同位素出口表，并提交下列材料：

（一）出口单位许可证复印件；

（二）国外进口方可以合法持有放射性同位素的中文或英文证明材料；

（三）出口单位与国外进口方签订的有效协议复印件。

放射性同位素出口表的具体格式和内容见附件四。

出口单位应当在出口活动完成之日起 20 日内，将放射性同位素出口表报送所在地的省级环境保护主管部门。

出口放射性同位素的单位应当遵守国家对外贸易的有关规定。

第三十一条 转让放射性同位素的，转入单位应当在每次转让前报所在地省级环境保护主管部门审查批准。

分批次转让非密封放射性物质的，转入单位可以每 6 个月报所在地省级环境保护主管部门审查批准。

放射性同位素只能在持有许可证的单位之间转让。禁止向无许可证或者超出许可证规定的种类和范围的单位转让放射性同位素。

未经批准不得转让放射性同位素。

第三十二条 转入放射性同位素的单位应当于转让前向所在地省级环境保护主管部门提交放射性同位素转让审批表，并提交下列材料：

（一）转出、转入单位的许可证；

（二）放射性同位素使用期满后的处理方案；

（三）转让双方签订的转让协议。

放射性同位素转让审批表的具体格式和内容见附件五。

环境保护主管部门应当自受理申请之日起 15 个工作日内完成审查，符合条件的，予以批准；不符合条件的，书面通知申请单位并说明理由。

第三十三条 转入、转出放射性同位素的单位应当在转让活动完成之日起 20 日内，分别将一份放射性同位素转让审批表报送各自所在地省级环境保护主管部门。

第三十四条 在野外进行放射性同位素示踪试验的单位，应当在每次试验前编制环境影响报告表，并经试验所在地省级环境保护主管部门商同级有关部门审查批准后方可进行。

放射性同位素野外示踪试验有可能造成跨省界环境影响的，其环境影响报告表应当报国务院环境保护主管部门商同级有关部门审查批准。

第三十五条 使用放射性同位素的单位需要将放射性同位素转移到外省、自治区、直辖市使用的，应当于活动实施前 10 日内持许可证复印件向使用地省级环境保护主管部门备案，书面报告移出地省级环境保护主管部门，并接受使用地环境保护主管部门的监督管理。

书面报告的内容应当包括该放射性同位素的核素、活度、转移时间和地点、辐射安全负责人和联系电话等内容；转移放射源的还应提供放射源标号和编码。

使用单位应当在活动结束后 20 日内到使用地省级环境保护主管部门办理备案注销手续，并书面告知移出地省级环境保护主管部门。

第四章 监督管理

第三十六条 辐射工作单位应当按照许可证的规定从事放射性同位素和射线装置的生产、销售、使用活动。

禁止无许可证或者不按照许可证规定的种类和范围从事放射性同位素和射线装置的生产、销售、使用活动。

第三十七条 生产放射性同位素与射线装置的单位，应当在放射性同位素的包装容器、含放射性同位素的设备和射线装置上设置明显的放射性标志和中文警示说明；放射源上能够设置放射性标志的，应当一并设置。

含放射源设备的说明书应当告知用户该设备含有放射源及其相关技术参数和结构特性，并告知放射源的潜在辐射危害及相应的安全防护措施。

第三十八条 生产、进口放射源的单位在销售Ⅰ类、Ⅱ类、Ⅲ类放射源时，应当与使用放射源的单位签订废旧放射源返回合同。

使用Ⅰ类、Ⅱ类、Ⅲ类放射源的单位应当按照废旧放射源返回合同规定，在放射源闲置或者废弃后 3 个月内将废旧放射源交回生产单位或者返回原出口方。确实无法交回生产单位或者返回原出口方的，送交有相应资质的放射性废物集中贮存单位贮存。

使用Ⅳ类、Ⅴ类放射源的单位应当按照国务院环境保护主管部门的规定，在放射源闲置或者废弃后 3 个月内将废旧放射源进行包装整备后送交有相应资质的放射性废物集中贮存单位贮存。

使用放射源的单位应当在废旧放射源交回、返回或者送交活动完成之日起 20 日内，向其所在地省级环境保护主管部门备案。

第三十九条 销售、使用放射源的单位在本办法实施前已经贮存的废旧放射源，应当自本办法实施之日起 1 年内交回放射源生产单位或者返回原出口方，或送交有相应资质的放射性废物集中贮存单位。

第四十条 生产放射性同位素的场所、产生放射性污染的放射性同位素销售和使用场所、产生放射性污染的射线装置及其场所，终结运行后应当依法实施退役。退役完成后，有关辐射工作单位方可申请办理许可证变更或注销手续。

第四十一条 辐射工作单位应当建立放射性同位素与射线装置台账，记载放射性同位素的核素名称、出厂时间和活度、标号、编码、来源和去向，以及射线装置的名称、型号、射线种类、类别、用途、来源和去向等事项。

放射性同位素与射线装置台账、个人剂量档案和职业健康监护档案应当长期保存。

第四十二条 辐射工作单位应当编写放射性同位素与射线装置安全和防护状况年度评估报告，于每年 1 月 31 日前报原发证机关。

年度评估报告应当包括放射性同位素与射线装置台账、辐射安全和防护设施的运行与维护、辐射安全和防护制度及措施的建立和落实、事故和应急以及档案管理等方面的内容。

第四十三条 县级以上人民政府环境保护主管部门应当对辐射工作单位进行监督检查，对存在的问题，应当提出书面的现场检查意见和整改要求，由检查人员签字或检查单位盖章后交被检查单位，并由被检查单位存档备案。

第四十四条 省级环境保护主管部门应当编写辐射工作单位监督管理年度总结报告，于每年 3 月 1 日前报国务院环境保护主管部门。

报告内容应当包括辐射工作单位数量、放射源数量和类别、射线装置数量和类别、许可证颁发与注销情况、事故及其处理情况、监督检查与处罚情况等内容。

第五章 罚 则

第四十五条 辐射工作单位违反本办法的有关规定，有下列行为之一的，由县级以上人民政府环境保护主管部门责令停止违法行为，限期改正；逾期不改正的，处 1 万元以上 3 万元以下的罚款：

（一）未在含放射源设备的说明书中告知用户该设备含有放射源的；

（二）销售、使用放射源的单位未在本办法实施之日起 1 年内将其贮存的废旧放射源交回、返回或送交有关单位的。

辐射工作单位违反本办法的其他规定，按照《中华人民共和国放射性污染防治法》、《放射性同位素与射线装置安全和防护条例》及其他相关法律法规的规定进行处罚。

第六章　附　　则

第四十六条　省级以上人民政府环境保护主管部门依据《电离辐射防护与辐射源安全基本标准》（GB 18871—2002）及国家有关规定负责对放射性同位素与射线装置管理的豁免出具证明文件。

第四十七条　本办法自2006年3月1日起施行。

附件（略）：1. 辐射安全许可证申请表

2. 辐射安全许可证副本

3. 放射性同位素进口审批表

4. 放射性同位素出口表

5. 放射性同位素转让审批表

环境保护部令

第 18 号

《放射性同位素与射线装置安全和防护管理办法》已由环境保护部 2011 年第一次部务会议于 2011 年 3 月 24 日审议通过。现予公布，自 2011 年 5 月 1 日起施行。

环境保护部部长　周生贤

二〇一一年四月十八日

放射性同位素与射线装置安全和防护管理办法

第一章　总　　则

第一条　为了加强放射性同位素与射线装置的安全和防护管理，根据《中华人民共和国放射性污染防治法》和《放射性同位素与射线装置安全和防护条例》，制定本办法。

第二条　本办法适用于生产、销售、使用放射性同位素与射线装置的场所、人员的安全和防护，废旧放射源与被放射性污染的物品的管理以及豁免管理等相关活动。

第三条　生产、销售、使用放射性同位素与射线装置的单位，应当对本单位的放射性同位素与射线装置的辐射安全和防护工作负责，并依法对其造成的放射性危害承担责任。

第四条　县级以上人民政府环境保护主管部门，应当依照《中华人民共和国放射性污染防治法》、《放射性同位素与射线装置安全和防护条例》和本办法的规定，对放射性同位素与射线装置的安全和防护工作实施监督管理。

第二章　场所安全和防护

第五条　生产、销售、使用、贮存放射性同位素与射线装置的场所，应当按照国家有关规定设置明显的放射性标志，其入口处应当按照国家有关安全和防护标准的要求，设置安全和防护设施以及必要的防护安全联锁、报警装置或者工作信号。

射线装置的生产调试和使用场所，应当具有防止误操作、防止工作人员和公众受到意外照射的安全措施。

放射性同位素的包装容器、含放射性同位素的设备和射线装置，应当设置明显的放射性标志和中文警示说明；放射源上能够设置放射性标志的，应当一并设置。运输放射性同位素和含放射源的射线装置的工具，应当按照国家有关规定设置明显的放射性标志或者显示危险信号。

第六条　生产、使用放射性同位素与射线装置的场所，应当按照国家有关规定采取有效措施，防止运行故障，并避免故障导致次生危害。

第七条　放射性同位素和被放射性污染的物品应当单独存放，不得与易燃、易爆、腐蚀性物品等一起存放，并指定专人负责保管。

贮存、领取、使用、归还放射性同位素时，应当进行登记、检查，做到账物相符。对放射性同位素贮存场所应当采取防火、防水、防盗、防丢失、防破坏、防射线泄漏的安全措施。

对放射源还应当根据其潜在危害的大小，建立相应的多重防护和安全措施，并对可移动的放射源定期进行盘存，确保其处于指定位置，具有可靠的安全保障。

第八条　在室外、野外使用放射性同位素与射线装置的，应当按照国家安全和防护标准的要求划出安全防护区域，设置明显的放射性标志，必要时设专人警戒。

第九条　生产、销售、使用放射性同位素与射线装置的单位，应当按照国家环境监测规范，对相关场所进行辐射监测，并对监测数据的真实性、可靠性负责；不具备自行监测能力的，可以委托经省级人民政府环境保护主管部门认定的环境监测机构进行监测。

第十条　建设项目竣工环境保护验收涉及的辐射监测和退役核技术利用项目的终态辐射监测，由生产、销售、使用放射性同位素与射线装置的单位委托经省级以上人民政府环境保护主管部门批准的有相应资质的辐射环境监测机构进行。

第十一条 生产、销售、使用放射性同位素与射线装置的单位，应当加强对本单位放射性同位素与射线装置安全和防护状况的日常检查。发现安全隐患的，应当立即整改；安全隐患有可能威胁到人员安全或者有可能造成环境污染的，应当立即停止辐射作业并报告发放辐射安全许可证的环境保护主管部门（以下简称“发证机关”），经发证机关检查核实安全隐患消除后，方可恢复正常作业。

第十二条 生产、销售、使用放射性同位素与射线装置的单位，应当对本单位的放射性同位素与射线装置的安全和防护状况进行年度评估，并于每年 1 月 31 日前向发证机关提交上一年度的评估报告。

安全和防护状况年度评估报告应当包括下列内容：

（一）辐射安全和防护设施的运行与维护情况；

（二）辐射安全和防护制度及措施的制定与落实情况；

（三）辐射工作人员变动及接受辐射安全和防护知识教育培训（以下简称“辐射安全培训”）情况；

（四）放射性同位素进出口、转让或者送贮情况以及放射性同位素、射线装置台账；

（五）场所辐射环境监测和个人剂量监测情况及监测数据；

（六）辐射事故及应急响应情况；

（七）核技术利用项目新建、改建、扩建和退役情况；

（八）存在的安全隐患及其整改情况；

（九）其他有关法律、法规规定的落实情况。

年度评估发现安全隐患的，应当立即整改。

第十三条 使用Ⅰ类、Ⅱ类、Ⅲ类放射源的场所，生产放射性同位素的场所，按照《电离辐射防护与辐射源安全基本标准》（以下简称《基本标准》）确定的甲级、乙级非密封放射性物质使用场所，以及终结运行后产生放射性污染的射线装置，应当依法实施退役。

依照前款规定实施退役的生产、使用放射性同位素与射线装置的单位，应当在实施退役前完成下列工作：

（一）将有使用价值的放射源按照《放射性同位素与射线装置安全和防护条例》的规定转让；

（二）将废旧放射源交回生产单位、返回原出口方或者送交有相应资质的放射性废物集中贮存单位贮存。

第十四条 依法实施退役的生产、使用放射性同位素与射线装置的单位，应当在实施退役前编制环境影响评价文件，报原辐射安全许可证发证机关审查批准；未经批准的，不得实施退役。

第十五条 退役工作完成后六十日内，依法实施退役的生产、使用放射性同位素与射线装置的单位，应当向原辐射安全许可证发证机关申请退役核技术利用项目终态验收，并提交退役项目辐射环境终态监测报告或者监测表。

依法实施退役的生产、使用放射性同位素与射线装置的单位，应当自终态验收合格之日起二十日内，到原发证机关办理辐射安全许可证变更或者注销手续。

第十六条 生产、销售、使用放射性同位素与射线装置的单位，在依法被撤销、依法解散、依法破产或者因其他原因终止前，应当确保环境辐射安全，妥善实施辐射工作场所或者设备的退役，并承担退役完成前所有的安全责任。

第三章　人员安全和防护

第十七条 生产、销售、使用放射性同位素与射线装置的单位，应当按照环境保护部审定的辐射安全培训和考试大纲，对直接从事生产、销售、使用活动的操作人员以及辐射防护负责人进行辐射安全培训，并进行考核；考核不合格的，不得上岗。

第十八条 辐射安全培训分为高级、中级和初级三个级别。

从事下列活动的辐射工作人员，应当接受中级或者高级辐射安全培训：

（一）生产、销售、使用Ⅰ类放射源的；

（二）在甲级非密封放射性物质工作场所操作放射性同位素的；

（三）使用Ⅰ类射线装置的；

（四）使用伽马射线移动探伤设备的。

从事前款所列活动单位的辐射防护负责人，以及从事前款所列装置、设备和场所设计、安装、调试、倒源、维修以及其他与辐射安全相关技术服务活动的人员，应当接受中级或者高级辐射安全培训。

本条第二款、第三款规定以外的其他辐射工作人员，应当接受初级辐射安全培训。

第十九条 从事辐射安全培训的单位，应当具备下列条件：

（一）有健全的培训管理制度并有专职培训管理人员；

（二）有常用的辐射监测设备；

（三）有与培训规模相适应的教学、实践场地与设施；

（四）有核物理、辐射防护、核技术应用及相关专业本科以上学历的专业教师。

拟开展初级辐射安全培训的单位，应当有五名以上专业教师，其中至少两名具有注册核安全工程师执业资格。

拟开展中级或者高级辐射安全培训的单位，应当有十名以上专业教师，其中至少五名具有注册核安全工程师执业资格，外聘教师不得超过教师总数的30%。

从事辐射安全培训的专业教师应当接受环境保护部组织的培训，具体办法由环境保护部另行制定。

第二十条 省级以上人民政府环境保护主管部门对从事辐射安全培训的单位进行评估，择优向社会推荐。

环境保护部评估并推荐的单位可以开展高级、中级和初级辐射安全培训；省级人民政府环境保护主管部门评估并推荐的单位可以开展初级辐射安全培训。

省级以上人民政府环境保护主管部门应当向社会公布其推荐的从事辐射安全培训的单位名单，并定期对名单所列从事辐射安全培训的单位进行考核；对考核不合格的，予以除名，并向社会公告。

第二十一条 从事辐射安全培训的单位负责对参加辐射安全培训的人员进行考核，并对考核合格的人员颁发辐射安全培训合格证书。辐射安全培训合格证书的格式由环境保护部规定。

取得高级别辐射安全培训合格证书的人员，不需再接受低级别的辐射安全培训。

第二十二条 取得辐射安全培训合格证书的人员，应当每四年接受一次再培训。

辐射安全再培训包括新颁布的相关法律、法规和辐射安全与防护专业标准、技术规范，以及辐射事故案例分析与经验反馈等内容。

不参加再培训的人员或者再培训考核不合格的人员，其辐射安全培训合格证书自动失效。

第二十三条 生产、销售、使用放射性同位素与射线装置的单位，应当按照法律、行政法规以及国家环境保护和职业卫生标准，对本单位的辐射工作人员进行个人剂量监测；发现个人剂量监测结果异常的，应当立即核实和调查，并将有关情况及时报告辐射安全许可证发证机关。

生产、销售、使用放射性同位素与射线装置的单位，应当安排专人负责个人剂量监测管理，建立辐射工作人员个人剂量档案。个人剂量档案应当包括个人基本信息、工作岗位、剂量监测结果等材料。个人剂量档案应当保存至辐射工作人员年满七十五周岁，或者停止辐射工作三十年。

辐射工作人员有权查阅和复制本人的个人剂量档案。辐射工作人员调换单位的，原用人单位应当向新用人单位或者辐射工作人员本人提供个人剂量档案的复制件。

第二十四条 生产、销售、使用放射性同位素与射线装置的单位，不具备个人剂量监测能力的，应当委托具备下列条件的机构进行个人剂量监测：

（一）具有保证个人剂量监测质量的设备、技术；

（二）经省级以上人民政府计量行政主管部门计量认证；

（三）法律法规规定的从事个人剂量监测的其他条件。

第二十五条 环境保护部对从事个人剂量监测的机构进行评估，择优向社会推荐。

环境保护部定期对其推荐的从事个人剂量监测的机构进行监测质量考核；对考核不合格的，予以除名，并向社会公告。

第二十六条 接受委托进行个人剂量监测的机构，应当按照国家有关技术规范的要求进行个人剂量监测，并对监测结果负责。

接受委托进行个人剂量监测的机构，应当及时向委托单位出具监测报告，并将监测结果以书面和网上报送方式，直接报告委托单位所在地的省级人民政府环境保护主管部门。

第二十七条 环境保护部应当建立全国统一的辐射工作人员个人剂量数据库，并与卫生等相关部门实现数据共享。

第四章 废旧放射源与被放射性污染的物品管理

第二十八条 生产、进口放射源的单位销售Ⅰ类、Ⅱ类、Ⅲ类放射源给其他单位使用的，应当与使用放射源的单位签订废旧放射源返回协议。

转让Ⅰ类、Ⅱ类、Ⅲ类放射源的，转让双方应当签订废旧放射源返回协议。进口放射源转让时，转入单位应当取得原出口方负责回收的承诺文件副本。

第二十九条 使用Ⅰ类、Ⅱ类、Ⅲ类放射源的单位应当在放射源闲置或者废弃后三个月内，按照废旧放射源返回协议规定，将废旧放射源交回生产单位或者返回原出口方。确实无法交回生产单位或者返回原出口方的，送交具备相应资质的放射性废物集中贮存单位（以下简称“废旧放射源收贮单位”）贮存，并承担相关费用。

废旧放射源收贮单位，应当依法取得环境保护部颁发的使用（含收贮）辐射安全许可证，并在资质许可范围内收贮废旧放射源和被放射性污染的物品。

第三十条 使用放射源的单位依法被撤销、依法解散、依法破产或者因其他原因终止的，应当事先将本单位的放射源依法转让、交回生产单位、返回原出口方或者送交废旧放射源收贮单位贮存，并承担上述活动完成前所有的安全责任。

第三十一条 使用放射源的单位应当在废旧放射源交回生产单位或者送交废旧放射源收贮单位贮存活动完成之日起二十日内，报其所在地的省级人民政府环境保护主管部门备案。

废旧放射源返回原出口方的，应当在返回活动完成之日起二十日内，将放射性同位素出口表报其所在地的省级人民政府环境保护主管部门备案。

第三十二条 废旧放射源收贮单位，应当建立废旧放射源的收贮台账和相应的计算机管理系统。

废旧放射源收贮单位，应当于每季度末对已收贮的废旧放射源进行汇总统计，每年年底对已贮存的废旧放射源进行核实，并将统计和核实结果分别上报环境保护部和所在地省级人民政府环境保护主管部门。

第三十三条 对已经收贮入库或者交回生产单位的仍有使用价值的放射源，可以按照《放射性同位素与射线装置安全和防护条例》的规定办理转让手续后进行再利用。具体办法由环境保护部另行制定。

对拟被再利用的放射源，应当由放射源生产单位按照生产放射源的要求进行安全性验证或者加工，满足安全和技术参数要求后，出具合格证书，明确使用条件，并进行放射源编码。

第三十四条 单位和个人发现废弃放射源或者被放射性污染的物品的，应当及时报告所在地县级以上地方人民政府环境保护主管部门；经所在地省级人民政府环境保护主管部门同意后，送废旧放射源收贮单位贮存。

废旧放射源收贮单位应当对废弃放射源或者被放射性污染的物品妥善收贮。

禁止擅自转移、贮存、退运废弃放射源或者被放射性污染的物品。

第三十五条 废旧金属回收熔炼企业，应当建立辐射监测系统，配备足够的辐射监测人员，在废旧金属原料入炉前、产品出厂前进行辐射监测，并将放射性指标纳入产品合格指标体系中。

新建、改建、扩建建设项目含有废旧金属回收熔炼工艺的，应当配套建设辐射监测设施；未配套建设辐射监测设施的，环境保护主管部门不予通过其建设项目竣工环境保护验收。

辐射监测人员在进行废旧金属辐射监测和应急处理时，应当佩戴个人剂量计等防护器材，做好个人防护。

第三十六条 废旧金属回收熔炼企业发现并确认辐射监测结果明显异常时，应当立即采取相应控制措施并在四小时内向所在地县级以上人民政府环境保护主管部门报告。

环境保护主管部门接到报告后，应当对辐射监测结果进行核实，查明导致辐射水平异常的原因，并责令废旧金属回收熔炼企业采取措施，防止放射性污染。

禁止缓报、瞒报、谎报或者漏报辐射监测结果异常信息。

第三十七条 废旧金属回收熔炼企业送贮废弃放射源或者被放射性污染物品所产生的费用，由废弃放射源或者被放射性污染物品的原持有者或者供货方承担。

无法查明废弃放射源或者被放射性污染物品来源的，送贮费用由废旧金属回收熔炼企业承担；其中，对已经开展辐射监测的废旧金属回收熔炼企业，经所在地省级人民政府环境保护主管部门核实、同级财政部门同意后，省级人民政府环境保护主管部门所属废旧放射源收贮单位可以酌情减免其相关处理费用。

第五章　监督检查

第三十八条 省级以上人民政府环境保护主管部门应当对其依法颁发辐射安全许可证的单位进行监督检查。

省级以上人民政府环境保护主管部门委托下一级环境保护主管部门颁发辐射安全许可证的，接受委托的环境保护主管部门应当对其颁发辐射安全许可证的单位进行监督检查。

第三十九条 县级以上人民政府环境保护主管部门应当结合本行政区域的工作实际，配备辐射防护安全监督员。

各级辐射防护安全监督员应当具备三年以上辐射工作相关经历。

省级以上人民政府环境保护主管部门辐射防护安全监督员应当具备大学本科以上学历，并通过中级以上辐射安全培训。

设区的市级、县级人民政府环境保护主管部门辐射防护安全监督员应当具备大专以上学历，并通过初级以上辐射安全培训。

第四十条 省级以上人民政府环境保护主管部门辐射防护安全监督员由环境保护部认可，设区的市级、县级人民政府环境保护主管部门辐射防护安全监督员由省级人民政府环境保护主管部门认可。

辐射防护安全监督员应当定期接受专业知识培训和考核。

取得高级职称并从事辐射安全与防护监督检查工作十年以上，或者取得注册核安全工程师资格的辐射防护安全监督员，可以免予辐射安全培训。

第四十一条 省级以上人民政府环境保护主管部门应当制定监督检查大纲，明确辐射安全与防护监督检查的组织体系、职责分工、实施程序、报告制度、重要问题管理等内容，并根据国家相关法律法规、标准制定相应的监督检查技术程序。

第四十二条 县级以上人民政府环境保护主管部门应当根据放射性同位素与射线装置生产、销售、使用活动的类别，制定本行政区域的监督检查计划。

监督检查计划应当按照辐射安全风险大小，规定不同的监督检查频次。

第六章 应急报告与处理

第四十三条 县级以上人民政府环境保护主管部门应当会同同级公安、卫生、财政、新闻、宣传等部门编制辐射事故应急预案，报本级人民政府批准。

辐射事故应急预案应当包括下列内容：

（一）应急机构和职责分工；

（二）应急人员的组织、培训以及应急和救助的装备、资金、物资准备；

（三）辐射事故分级与应急响应措施；

（四）辐射事故的调查、报告和处理程序；

（五）辐射事故信息公开、公众宣传方案。

辐射事故应急预案还应当包括可能引发辐射事故的运行故障的应急响应措施及其调查、报告和处理程序。

生产、销售、使用放射性同位素与射线装置的单位，应当根据可能发生的辐射事故的风险，制定本单位的应急方案，做好应急准备。

第四十四条 发生辐射事故或者发生可能引发辐射事故的运行故障时，生产、销售、使用放射性同位素与射线装置的单位应当立即启动本单位的应急方案，采取应急措施，并在两小时内填写初始报告，向当地人民政府环境保护主管部门报告。

发生辐射事故的，生产、销售、使用放射性同位素与射线装置的单位还应当同时向当地人民政府、公安部门和卫生主管部门报告。

第四十五条 接到辐射事故或者可能引发辐射事故的运行故障报告的环境保护主管部门，应当立即派人赶赴现场，进行现场调查，采取有效措施，控制并消除事故或者故障影响，并配合有关部门做好信息公开、公众宣传等外部应急响应工作。

第四十六条 接到辐射事故报告或者可能发生辐射事故的运行故障报告的环境保护部门，应当在两小时内，将辐射事故或者故障信息报告本级人民政府并逐级上报至省级人民政府环境保护主管部门；发生重大或者特别重大辐射事故的，应当同时向环境保护部报告。

接到含Ⅰ类放射源装置重大运行故障报告的环境保护部门，应当在两小时内将故障信息逐级上报至原辐射安全许可证发证机关。

第四十七条 省级人民政府环境保护主管部门接到辐射事故报告，确认属于特别重大辐射事故或者重大辐射事故的，应当及时通报省级人民政府公安部门和卫生主管部门，并在两小时内上报环境保护部。

环境保护部在接到事故报告后，应当立即组织核实，确认事故类型，在两小时内报告国务院，并通报公安部和卫生部。

第四十八条 发生辐射事故或者运行故障的单位，应当按照应急预案的要求，制定事故或者故障处置实施方案，并在当地人民政府和辐射安全许可证发证机关的监督、指导下实施具体处置工作。

辐射事故和运行故障处置过程中的安全责任，以及由事故、故障导致的应急处置费用，由发生辐射事故或者运行故障的单位承担。

第四十九条 省级人民政府环境保护主管部门应当每半年对本行政区域内发生的辐射事故和运行故障情况进行汇总，并将汇总报告报送环境保护部，同时抄送同级公安部门和卫生主管部门。

第七章　豁免管理

第五十条 省级以上人民政府环境保护主管部门依据《基本标准》及国家有关规定，负责对射线装置、放射源或者非密封放射性物质管理的豁免出具备案证明文件。

第五十一条 已经取得辐射安全许可证的单位，使用低于《基本标准》规定豁免水平的射线装置、放射源或者少量非密封放射性物质的，经所在地省级人民政府环境保护主管部门备案后，可以被豁免管理。

前款所指单位提请所在地省级人民政府环境保护主管部门备案时，应当提交其使用的射线装置、放射源或者非密封放射性物质辐射水平低于《基本标准》豁免水平的证明材料。

第五十二条 符合下列条件之一的使用单位，报请所在地省级人民政府环境保护主管部门备案时，除提交本办法第五十一条第二款规定的证明材料外，还应当提交射线装置、放射源或者非密封放射性物质的使用量、使用条件、操作方式以及防护管理措施等情况的证明：

（一）已取得辐射安全许可证，使用较大批量低于《基本标准》规定豁免水平的非密封放射性物质的；

（二）未取得辐射安全许可证，使用低于《基本标准》规定豁免水平的射线装置、放射源以及非密封放射性物质的。

第五十三条 对装有超过《基本标准》规定豁免水平放射源的设备，经检测符合国家有关规定确定的辐射水平的，设备的生产或者进口单位向环境保护部报请备案后，该设备和相关转让、使用活动可以被豁免管理。

前款所指单位，报请环境保护部备案时，应当提交下列材料：

（一）辐射安全分析报告，包括活动正当性分析，放射源在设备中的结构，放射源的核素名称、活度、加工工艺和处置方式，对公众和环境的潜在辐射影响，以及可能的用户等内容。

（二）有相应资质的单位出具的证明设备符合《基本标准》有条件豁免要求的辐射水平检测报告。

第五十四条 省级人民政府环境保护主管部门应当将其出具的豁免备案证明文件，报环境保护部。

环境保护部对已获得豁免备案证明文件的活动或者活动中的射线装置、放射源或者非密封放射性物质定期公告。

经环境保护部公告的活动或者活动中的射线装置、放射源或者非密封放射性物质，在全国有效，可以不再逐一办理豁免备案证明文件。

第八章 法律责任

第五十五条 违反本办法规定，生产、销售、使用放射性同位素与射线装置的单位有下列行为之一的，由原辐射安全许可证发证机关给予警告，责令限期改正；逾期不改正的，处一万元以上三万元以下的罚款：

（一）未按规定对相关场所进行辐射监测的；

（二）未按规定时间报送安全和防护状况年度评估报告的；

（三）未按规定对辐射工作人员进行辐射安全培训的；

（四）未按规定开展个人剂量监测的；

（五）发现个人剂量监测结果异常，未进行核实与调查，并未将有关情况及时报告原辐射安全许可证发证机关的。

第五十六条 违反本办法规定，废旧放射源收贮单位有下列行为之一的，由省级以上人民政府环境保护主管部门责令停止违法行为，限期改正；逾期不改正的，由原发证机关收回辐射安全许可证：

（一）未按规定建立废旧放射源收贮台账和计算机管理系统的；

（二）未按规定对已收贮的废旧放射源进行统计，并将统计结果上报的。

第五十七条 违反本办法规定，废旧放射源收贮单位有下列行为之一的，依照《放射性同位素与射线装置安全和防护条例》第五十二条的有关规定，由县级以上人民政府环境保护主管部门责令停止违法行为，限期改正；逾期不改正的，责令停业或者由原发证机关吊销辐射安全许可证；有违法所得的，没收违法所得；违法所得十万元以上的，并处违法所得一倍以上五倍以下的罚款；没有违法所得或者违法所得不足十万元的，并处一万元以上十万元以下的罚款。

（一）未取得环境保护部颁发的使用（含收贮）辐射安全许可证，从事废旧放射源收贮的；

（二）未经批准，擅自转让已收贮入库废旧放射源的。

第五十八条 违反本办法规定，废旧金属回收熔炼企业未开展辐射监测或者发现辐射监测结果明显异常未如实报告的，由县级以上人民政府环境保护主管部门责令改正，处一万元以上三万元以下的罚款。

第五十九条 生产、销售、使用放射性同位素与射线装置的单位违反本办法的其他规定，按照《中华人民共和国放射性污染防治法》、《放射性同位素与射线装置安全和防护条例》以及其他相关法律法规的规定进行处罚。

第九章 附 则

第六十条 本办法下列用语的含义：

（一）废旧放射源，是指已超过生产单位或者有关标准规定的使用寿命，或者由于生产工艺的改变、生产产品的更改等因素致使不再用于初始目的的放射源。

（二）退役，是指采取去污、拆除和清除等措施，使核技术利用项目不再使用的场所或者设备的辐射剂量满足国家相关标准的要求，主管部门不再对这些核技术利用项目进行辐射安全与防护监管。

第六十一条 本办法自 2011 年 5 月 1 日起施行。

环境保护部令

第 11 号

《放射性物品运输安全许可管理办法》已经环境保护部 2010 年第一次部务会议审议通过。现予公布，自 2010 年 11 月 1 日起施行。

环境保护部部长　周生贤
二〇一〇年九月二十五日

放射性物品运输安全许可管理办法

第一章　总　　则

第一条　［立法目的］为了加强对放射性物品运输的安全管理，实施《放射性物品运输安全管理条例》规定的运输安全许可制度，制定本办法。

第二条　［适用范围］从事放射性物品运输和放射性物品运输容器设计、制造等活动，应当按照本办法的规定，办理有关许可和备案手续。

第三条　［分类管理］国家对放射性物品运输实施分类管理，根据放射性物品的特性及其对人体健康和环境的潜在危害程度，将放射性物品分为一类、二类和三类。

放射性物品的具体分类和名录，由国务院核安全监管部门按照《放射性物品运输安全管理条例》的规定，会同国务院公安、卫生、海关、交通运输、铁路、民航、核工业行业主管部门制定。

第二章　运输容器设计的批准与备案

第四条　［设计基本要求］一类放射性物品运输容器的设计，应当在首次用于制造前报国务院核安全监管部门审查批准。

二类放射性物品运输容器的设计，应当在首次用于制造前报国务院核安全监管部门备案。

第五条 ［设计记录］放射性物品运输容器设计单位应当建立健全质量保证体系并有效实施，加强档案管理，如实记录放射性物品运输容器的设计和安全性能评价过程。

第六条 ［安全性能评价］放射性物品运输容器的设计应当满足国家放射性物品运输安全标准。

设计单位应当通过试验验证，采用可靠、保守的分析论证，或者采取两者相结合的方式，对设计的放射性物品运输容器的安全性能进行评价。

第七条 ［设计单位条件］申请领取一类放射性物品运输容器设计批准书的单位，应当符合下列条件：

（一）具有法人资格；

（二）具有与所从事设计活动相关或者相近的工作业绩；

（三）具有与所从事设计活动相适应并经考核合格的专业技术人员；

（四）具有健全的管理制度和完善的质量保证体系，以及符合国家有关核安全监督管理规定的质量保证大纲。

第八条 ［设计申请］申请批准一类放射性物品运输容器的设计，设计单位应当向国务院核安全监管部门提出书面申请，并提交下列材料：

（一）设计总图及其设计说明书；

（二）设计安全评价报告书；

（三）符合国家有关核安全监督管理规定的质量保证大纲。

放射性物品运输容器设计安全评价报告书的标准格式和内容，由国务院核安全监管部门另行规定。

第九条 ［设计审查］国务院核安全监管部门应当自受理一类放射性物品运输容器的设计批准申请之日起45个工作日内完成审查。对符合国家放射性物品运输安全标准的，颁发一类放射性物品运输容器设计批准书，并公告设计批准编号；对不符合国家放射性物品运输安全标准的，书面通知申请单位并说明理由。

国务院核安全监管部门在审查过程中，应当组织专家进行技术评审。技术评审方式包括文件审查、审评对话、现场见证等。

技术评审所需时间，不计算在本条第一款规定的期限内。

第十条 ［设计批准书］一类放射性物品运输容器设计批准书应当包括下列主要内容：

（一）设计单位名称、住所和法定代表人；

（二）运输容器类型和设计批准编号；

（三）放射性内容物特性；

（四）运输容器设计说明及适用的相关技术标准等；

（五）操作要求、运输方式、使用环境温度；

（六）有效期限；

（七）批准日期和批准书编号。

第十一条 ［设计批准延续］一类放射性物品运输容器设计批准书有效期为5年。

设计批准书有效期届满，需要延续的，持证单位应当于设计批准书有效期届满6个月前，向国务院核安全监管部门提出书面延续申请，并提交下列材料：

（一）原设计批准书复印件；

（二）质量保证大纲实施效果的说明；

（三）设计依据标准如有变化，是否符合新标准的说明。

对于设计单位提出的批准书延续申请，国务院核安全监管部门应当在设计批准书有效期届满前作出是否准予延续的决定。

第十二条 ［设计变更］设计单位修改已批准的一类放射性物品运输容器设计中有关安全内容的，应当按照原申请程序向国务院核安全监管部门重新申请领取设计批准书。

一类放射性物品运输容器设计单位变更单位名称、住所或者法定代表人的，应当自工商变更登记之日起20日内，向国务院核安全监管部门办理设计批准书变更手续，并提交变更申请、工商注册登记文件以及其他证明材料。

第十三条 ［特殊形式批准］为了控制放射性物品在运输过程中可能产生的弥散，放射性物品设计成特殊形式或者低弥散形式的，其防弥散的形式可视为放射性物品运输容器包容系统的组成部分。

特殊形式放射性物品和低弥散放射性物品的设计方案，应当符合国家放射性物品运输安全标准的有关要求，并报国务院核安全监管部门审查批准。

特殊形式放射性物品和低弥散放射性物品的设计单位，应当向国务院核安全监管部门提交其设计方案符合国家放射性物品运输安全标准有关要求的证明材料。

国务院核安全监管部门对符合国家放射性物品运输安全标准有关要求的，颁发相应的设计批准书，并公告设计批准编号；对不符合国家放射性物品运输安全标准有关要求的，书面通知申请单位并说明理由。

对于特殊形式放射性物品和低弥散放射性物品设计的延续、变更依据本办法第十一条和第十二条规定进行。

第十四条 ［设计备案要求］二类放射性物品运输容器的设计单位应当按

照国家放射性物品运输安全标准进行设计，并在首次用于制造30日前，将下列文件报国务院核安全监管部门备案：

（一）设计总图及其设计说明书；

（二）设计安全评价报告表。

国务院核安全监管部门应当定期公布已备案的二类放射性物品运输容器的设计备案编号。

第三章　运输容器制造的许可与备案

第十五条　［制造基本要求］从事一类放射性物品运输容器制造活动的单位，应当向国务院核安全监管部门申请领取制造许可证。

从事二类放射性物品运输容器制造活动的单位，应当报国务院核安全监管部门备案。

第十六条　［制造单位条件］申请领取制造许可证的单位，应当具备下列条件：

（一）具有法人资格；

（二）有与所从事制造活动相关或者相近的工作业绩；

（三）有与所从事制造活动相适应的机械、焊接、材料和热处理、铸造和锻造等相关专业技术人员，以及取得焊工、焊接操作工或者无损检验资格证书的专业技术人员；

（四）有与所从事的制造活动相适应的生产条件和检测手段；

（五）有健全的管理制度、完善的质量保证体系和符合国家有关核安全监督管理规定的质量保证大纲。

第十七条　［制造申请］申请领取放射性物品运输容器制造许可证的单位，应当向国务院核安全监管部门提交申请书，并提交符合规定条件的证明文件。

第十八条　［制造审查］国务院核安全监管部门应当自受理申请之日起45个工作日内完成审查，对符合条件的，颁发制造许可证，并予以公告；对不符合条件的，书面通知申请单位并说明理由。

国务院核安全监管部门在审查过程中，应当组织专家进行技术评审。技术评审可以采取文件审查、审评对话和现场检查等方式。

技术评审所需时间，不计算在本条第一款规定的期限内。

第十九条　［制造许可证］一类放射性物品运输容器制造许可证应当载明下列内容：

（一）制造单位名称、住所和法定代表人；

（二）许可制造的运输容器设计批准编号；

（三）有效期限；

（四）发证机关、发证日期和证书编号。

第二十条 ［制造许可延续］一类放射性物品运输容器制造许可证有效期为5年。

制造许可证有效期届满，需要延续的，制造单位应当于制造许可证有效期届满6个月前，向国务院核安全监管部门提出书面延续申请，并提交下列材料：

（一）原制造许可证复印件；

（二）原制造许可证有效期内的制造活动情况；

（三）原制造许可证有效期内所制造运输容器的质量情况；

（四）原制造许可证有效期内变更情况的说明。

国务院核安全监管部门应当在制造许可证有效期届满前作出是否准予延续的决定。

第二十一条 ［制造许可变更］一类放射性物品运输容器制造单位制造与原许可制造的设计批准编号不同的运输容器的，应当按照原申请程序向国务院核安全监管部门重新申请领取制造许可证。

一类放射性物品运输容器制造单位变更单位名称、住所或者法定代表人的，应当自工商变更登记之日起20日内，向国务院核安全监管部门办理制造许可证变更手续，并提交变更申请、工商注册登记文件以及其他证明材料。

第二十二条 ［制造禁止事项］禁止无制造许可证或者超出制造许可证规定范围从事一类放射性物品运输容器制造活动。

禁止委托未取得相应制造许可证的单位进行一类放射性物品运输容器制造活动。

禁止伪造、变造、转让制造许可证。

第二十三条 ［制造单位备案］从事二类放射性物品运输容器制造活动的单位，应当在首次制造活动开始30日前，将下列材料报国务院核安全监管部门备案：

（一）所制造运输容器的设计备案编号；

（二）具备与从事制造活动相适应的专业技术人员、生产条件、检测手段的证明材料；

（三）具有健全管理制度的证明材料；

（四）质量保证大纲。

国务院核安全监管部门应当定期公布已备案的二类放射性物品运输容器制

造单位。

第二十四条 ［使用基本要求］使用境外单位制造的一类放射性物品运输容器的，应当在首次使用前报国务院核安全监管部门审查批准。

使用境外单位制造的二类放射性物品运输容器的，应当在首次使用前报国务院核安全监管部门备案。

第二十五条 ［使用申请］申请使用境外单位制造的一类放射性物品运输容器的单位，应当向国务院核安全监管部门提出书面申请，并提交下列材料：

（一）设计单位所在国核安全监管部门颁发的设计批准文件的复印件；

（二）设计单位出具的设计安全评价报告书；

（三）制造单位相关业绩的证明材料；

（四）制造单位出具的质量合格证明；

（五）符合中华人民共和国法律、行政法规规定，以及国家放射性物品运输安全标准或者经国务院核安全监管部门认可的标准的说明材料。

第二十六条 ［使用审查］国务院核安全监管部门应当自受理申请之日起45个工作日内完成审查，对符合国家放射性物品运输安全标准的，颁发使用批准书；对不符合国家放射性物品运输安全标准的，书面通知申请单位并说明理由。

在审查过程中，国务院核安全监管部门可以组织专家进行技术评审。技术评审所需时间不计算在前款规定的期限内。

第二十七条 ［使用批准书］境外单位制造的一类放射性物品运输容器使用批准书应当载明下列内容：

（一）使用单位名称、住所和法定代表人；

（二）设计单位名称、制造单位名称；

（三）原设计批准编号；

（四）操作要求、运输方式、使用环境温度；

（五）运输容器编码；

（六）有效期限；

（七）批准日期和批准书编号。

第二十八条 ［使用批准延续］境外单位制造的一类放射性物品运输容器使用批准书有效期为5年。

使用批准书有效期届满，需要延续的，使用单位应当于使用批准书有效期届满6个月前，向国务院核安全监管部门提出书面延续申请，并提交下列材料：

（一）原使用批准书复印件；

（二）原使用批准书有效期内运输容器使用情况报告；

（三）原使用批准书有效期内质量保证大纲实施效果的说明；

（四）原使用批准书有效期内运输容器维护、维修和安全性能评价情况说明。

对于使用单位提出的批准书延续申请，国务院核安全监管部门应当在使用批准书有效期届满前作出是否准予延续的决定。

第二十九条 ［使用批准变更］持有境外单位制造的一类放射性物品运输容器使用批准书的使用单位，变更单位名称、住所或者法定代表人的，应当自工商登记之日起20日内，向国务院核安全监管部门办理使用批准书变更手续，并提交变更申请、工商注册登记文件以及其他证明材料。

第三十条 ［使用备案］使用境外单位制造的二类放射性物品运输容器的，应当在首次使用前将下列文件报国务院核安全监管部门备案：

（一）制造单位出具的质量合格证明；

（二）设计单位出具的设计安全评价报告表；

（三）符合中华人民共和国法律、行政法规规定，以及国家放射性物品运输安全标准或者经国务院核安全监管部门认可的标准的说明材料。

国务院核安全监管部门办理使用境外单位制造的二类放射性物品运输容器备案手续，应当同时为运输容器确定编码。

第四章 放射性物品运输批准与备案

第三十一条 ［运输基本要求］托运一类放射性物品的，托运人应当编制放射性物品运输的核与辐射安全分析报告书，报国务院核安全监管部门审查批准。

一类放射性物品从境外运抵中华人民共和国境内，或者途经中华人民共和国境内运输的，托运人应当编制放射性物品运输的核与辐射安全分析报告书，报国务院核安全监管部门审查批准。

二类、三类放射性物品从境外运抵中华人民共和国境内，或者途经中华人民共和国境内运输的，托运人应当编制放射性物品运输的辐射监测报告，报国务院核安全监管部门备案。

第三十二条 ［报告书编制］托运人应当委托持有甲级环境影响评价资格证书的单位编制放射性物品运输的核与辐射安全分析报告书。

放射性物品运输的核与辐射安全分析报告书的格式和内容，由国务院核安全监管部门规定。

第三十三条 ［运输审查］国务院核安全监管部门应当自受理放射性物品

运输的核与辐射安全分析报告书之日起45个工作日内完成审查，对符合国家放射性物品运输安全标准的，颁发核与辐射安全分析报告批准书；对不符合国家放射性物品运输安全标准的，书面通知申请单位并说明理由。

在审查过程中，国务院核安全监管部门可以组织专家进行技术评审。技术评审所需时间不计算在前款规定的期限内。

第三十四条 ［运输批准书］放射性物品运输的核与辐射安全分析报告批准书应当载明下列主要内容：

（一）托运人的名称、地址、法定代表人；

（二）运输放射性物品的品名、数量；

（三）运输容器设计批准编号、运输方式和运输方案；

（四）操作管理附加措施和规定；

（五）有效期限；

（六）批准日期和批准书编号。

第三十五条 ［运输批准延续］一类放射性物品运输的核与辐射安全分析报告批准书有效期为5年。

核与辐射安全分析报告批准书有效期届满，需要延续的，托运人应当于核与辐射安全分析报告批准书有效期届满6个月前，向国务院核安全监管部门提出书面延续申请，并提交下列材料：

（一）原核与辐射安全分析报告批准书复印件；

（二）原核与辐射安全分析报告批准书有效期内运输容器使用情况报告，包括维护、维修和安全性能评价情况说明；

（三）运输活动情况报告，包括运输方案、辐射防护措施和应急措施执行情况说明。

对于托运人提出的批准书延续申请，国务院核安全监管部门应当在核与辐射安全分析报告批准书有效期届满前作出是否准予延续的决定。

第三十六条 ［运输批准变更］持有核与辐射安全分析报告批准书的单位，变更单位名称、地址或者法定代表人的，应当自工商变更登记之日起20日内，向国务院核安全监管部门办理核与辐射安全分析报告批准书变更手续，并提交变更申请、工商注册登记文件以及其他证明材料。

第三十七条 ［启运备案］一类放射性物品启运前，托运人应当将下列材料报启运地的省、自治区、直辖市人民政府环境保护主管部门备案：

（一）一类放射性物品运输辐射监测备案表；

（二）一类放射性物品运输的核与辐射安全分析报告批准书复印件；

（三）辐射监测报告。

前款规定的辐射监测报告，在托运人委托有资质的辐射监测机构对拟托运一类放射性物品的表面污染和辐射水平实施监测后，由辐射监测机构出具。

收到备案材料的省、自治区、直辖市人民政府环境保护主管部门，应当在启运前将备案表通报放射性物品运输的途经地和抵达地的省、自治区、直辖市人民政府环境保护主管部门。

第三十八条 ［特殊安排］有下列情形之一，放射性物品运输容器无法完全符合国家放射性物品运输安全标准，需要通过特殊安排来提高运输安全水平的，托运人应当编制放射性物品运输的核与辐射安全分析报告书，在运输前报经国务院核安全监管部门审查同意：

（一）因形状特异不适宜专门设计和制造运输容器的；

（二）只是一次性运输，专门设计和制造符合国家放射性物品运输安全标准的运输容器经济上明显不合理的。

第三十九条 ［过境运输审批］一类放射性物品从境外运抵中华人民共和国境内，或者途经中华人民共和国境内运输的，托运人或者其委托代理人应当编制放射性物品运输的核与辐射安全分析报告书，报国务院核安全监管部门审查批准。审查批准程序依照本办法第三十三条的规定执行。

托运人获得国务院核安全监管部门颁发的核与辐射安全分析报告批准书后，方可将一类放射性物品运抵中华人民共和国境内或者途经中华人民共和国境内运输。

第四十条 ［过境运输备案］二类、三类放射性物品从境外运抵中华人民共和国境内，或者途经中华人民共和国境内运输的，托运人应当委托有资质的单位监测，编制放射性物品运输的辐射监测报告，报国务院核安全监管部门备案。国务院核安全监管部门应当出具相应的放射性物品运输的辐射监测报告备案证明。

对于运输容器相同，放射性内容物相同，且半衰期小于 60 天的放射性物品，进口单位可以每半年办理一次辐射监测报告备案手续。

第四十一条 ［过境海关手续］放射性物品从境外运抵中华人民共和国境内，或者途经中华人民共和国境内运输的，托运人、承运人或者其代理人向海关办理有关手续时，应当提交相关许可证件和国务院核安全监管部门颁发的放射性物品运输的核与辐射安全分析报告批准书或者放射性物品运输的辐射监测报告备案证明。

第四十二条 ［运输资质］托运人应当委托具有放射性物品运输资质的承运人承运放射性物品。

自行运输本单位放射性物品的单位和在放射性废物收贮过程中从事放射性

物品运输的省、自治区、直辖市城市放射性废物库运营单位，应当取得非营业性道路危险货物运输资质。

第五章　附　　则

第四十三条　［术语］本办法下列用语的含义：

（一）特殊形式放射性物品：不弥散的固体放射性物品或者装有放射性物品的密封件。

（二）低弥散放射性物品：固体放射性物品，或者装在密封件里的固体放射性物品，其弥散性已受到限制且不呈粉末状。

（三）托运人：将托运货物提交运输的单位或者个人。

（四）承运人：使用任何运输手段承担放射性物质运输的单位或者个人。

第四十四条　［生效日期］本办法自2010年11月1日起施行。

附一：

一类放射性物品运输容器设计和核与辐射安全分析报告批准编号规则

其中：

第1~2位：国家或地区代码，CN代表中国。

第3位："/"，隔离符。

第4~6位：主管部门为该设计指定的设计批准编号或核与辐射安全分析报告批准编号，一类放射性物品运输容器设计批准编号范围为001~500。

第7位："/"，隔离符。

第8位：批准书类型：

AF：易裂变A型运输容器设计批准书

B（U）：B（U）型运输容器设计批准书

B（U）F：易裂变材料B（U）型运输容器设计批准书

B（M）：B（M）型运输容器设计批准书

B（M）F：易裂变材料B（M）型运输容器设计批准书

C：C型运输容器设计批准书

CF：易裂变材料C型运输容器设计批准书

IF：易裂变材料工业运输容器设计批准书

S：特殊形式放射性物品设计批准书

LD：低弥散放射性物品设计批准书

T：核与辐射安全分析报告批准书

X：特殊安排批准书

H：非易裂变物质或除六氟化铀以外的易裂变物质运输容器的设计批准书。

第 9 位："－"。

第 10～11 位：依据 IAEA 标准的版本，用年份后 2 位数字表示。如 1996 年版本，则填写 96。

第 12 位："－"。

第 13 位：（NNSA－I）代表国务院核安全监管部门批准的一类放射性物品运输容器。

附二：

二类放射性物品运输容器设计备案编号规则

其中：

第 1～2 位：国家或地区代码，CN 代表中国。

第 3 位："/"，隔离符。

第 4～6 位：主管部门为该设计指定的备案编号，备案编号 >500。

第 7 位："/"，隔离符。

第 8 位：运输容器类型，二类放射性物品运输容器类型有 A，IP3 等。

第 9 位："－"。

第 10～11 位：依据 IAEA 标准的版本，用年份后 2 位数字表示。如 1996 年版本，则填写 96。

第 12 位："－"。

第 13 位：（NNSA－II）代表国务院核安全监管部门备案的二类放射性物品运输容器。

附三：

一类放射性物品运输辐射监测备案表（略）

国家环境保护总局公告

2005 年　第 62 号

关于发布放射源分类办法的公告

根据《放射性同位素与射线装置安全和防护条例》（国务院令第 449 号）关于放射源实行分类管理的规定，我局组织制定了《放射源分类办法》，现予发布。

二〇〇五年十二月二十三日

放射源分类办法

根据国务院第 449 号令《放射性同位素与射线装置安全和防护条例》规定，制定本放射源分类办法。

一、放射源分类原则

参照国际原子能机构的有关规定，按照放射源对人体健康和环境的潜在危害程度，从高到低将放射源分为Ⅰ、Ⅱ、Ⅲ、Ⅳ、Ⅴ类，Ⅴ类源的下限活度值为该种核素的豁免活度。

（一）Ⅰ类放射源为极高危险源。没有防护情况下，接触这类源几分钟到1小时就可致人死亡；

（二）Ⅱ类放射源为高危险源。没有防护情况下，接触这类源几小时至几天可致人死亡；

（三）Ⅲ类放射源为危险源。没有防护情况下，接触这类源几小时就可对人造成永久性损伤，接触几天至几周也可致人死亡；

（四）Ⅳ类放射源为低危险源。基本不会对人造成永久性损伤，但对长时间、近距离接触这些放射源的人可能造成可恢复的临时性损伤；

（五）Ⅴ类放射源为极低危险源。不会对人造成永久性损伤。

二、放射源分类表

常用不同核素的 64 种放射源按下表进行分类。

放射源分类表

核素	Ⅰ类源/Bq	Ⅱ类源/Bq	Ⅲ类源/Bq	Ⅳ类源/Bq	Ⅴ类源/Bq
^{241}Am	$\geqslant 6\times10^{13}$	$\geqslant 6\times10^{11}$	$\geqslant 6\times10^{10}$	$\geqslant 6\times10^{8}$	$\geqslant 1\times10^{4}$
$^{241}Am/Be$	$\geqslant 6\times10^{13}$	$\geqslant 6\times10^{11}$	$\geqslant 6\times10^{10}$	$\geqslant 6\times10^{8}$	$\geqslant 1\times10^{4}$
^{198}Au	$\geqslant 2\times10^{14}$	$\geqslant 2\times10^{12}$	$\geqslant 2\times10^{11}$	$\geqslant 2\times10^{9}$	$\geqslant 1\times10^{6}$
^{133}Ba	$\geqslant 2\times10^{14}$	$\geqslant 2\times10^{12}$	$\geqslant 2\times10^{11}$	$\geqslant 2\times10^{9}$	$\geqslant 1\times10^{6}$
^{14}C	$\geqslant 5\times10^{16}$	$\geqslant 5\times10^{14}$	$\geqslant 5\times10^{13}$	$\geqslant 5\times10^{11}$	$\geqslant 1\times10^{7}$
^{109}Cd	$\geqslant 2\times10^{16}$	$\geqslant 2\times10^{14}$	$\geqslant 2\times10^{13}$	$\geqslant 2\times10^{11}$	$\geqslant 1\times10^{6}$
^{141}Ce	$\geqslant 1\times10^{15}$	$\geqslant 1\times10^{13}$	$\geqslant 1\times10^{12}$	$\geqslant 1\times10^{10}$	$\geqslant 1\times10^{7}$

续表

核素	Ⅰ类源/Bq	Ⅱ类源/Bq	Ⅲ类源/Bq	Ⅳ类源/Bq	Ⅴ类源/Bq
^{144}Ce	$\geq 9\times10^{14}$	$\geq 9\times10^{12}$	$\geq 9\times10^{11}$	$\geq 9\times10^{9}$	$\geq 1\times10^{5}$
^{252}Cf	$\geq 2\times10^{13}$	$\geq 2\times10^{11}$	$\geq 2\times10^{10}$	$\geq 2\times10^{8}$	$\geq 1\times10^{4}$
^{36}Cl	$\geq 2\times10^{16}$	$\geq 2\times10^{14}$	$\geq 2\times10^{13}$	$\geq 2\times10^{11}$	$\geq 1\times10^{6}$
^{242}Cm	$\geq 4\times10^{13}$	$\geq 4\times10^{11}$	$\geq 4\times10^{10}$	$\geq 4\times10^{8}$	$\geq 1\times10^{5}$
^{244}Cm	$\geq 5\times10^{13}$	$\geq 5\times10^{11}$	$\geq 5\times10^{10}$	$\geq 5\times10^{8}$	$\geq 1\times10^{4}$
^{57}Co	$\geq 7\times10^{14}$	$\geq 7\times10^{12}$	$\geq 7\times10^{11}$	$\geq 7\times10^{9}$	$\geq 1\times10^{6}$
^{60}Co	$\geq 3\times10^{13}$	$\geq 3\times10^{11}$	$\geq 3\times10^{10}$	$\geq 3\times10^{8}$	$\geq 1\times10^{5}$
^{51}Cr	$\geq 2\times10^{15}$	$\geq 2\times10^{13}$	$\geq 2\times10^{12}$	$\geq 2\times10^{10}$	$\geq 1\times10^{7}$
^{134}Cs	$\geq 4\times10^{13}$	$\geq 4\times10^{11}$	$\geq 4\times10^{10}$	$\geq 4\times10^{8}$	$\geq 1\times10^{4}$
^{137}Cs	$\geq 1\times10^{14}$	$\geq 1\times10^{12}$	$\geq 1\times10^{11}$	$\geq 1\times10^{9}$	$\geq 1\times10^{4}$
^{152}Eu	$\geq 6\times10^{13}$	$\geq 6\times10^{11}$	$\geq 6\times10^{10}$	$\geq 6\times10^{8}$	$\geq 1\times10^{6}$
^{154}Eu	$\geq 6\times10^{13}$	$\geq 6\times10^{11}$	$\geq 6\times10^{10}$	$\geq 6\times10^{8}$	$\geq 1\times10^{6}$
^{55}Fe	$\geq 8\times10^{17}$	$\geq 8\times10^{15}$	$\geq 8\times10^{14}$	$\geq 8\times10^{12}$	$\geq 1\times10^{6}$
^{153}Gd	$\geq 1\times10^{15}$	$\geq 1\times10^{13}$	$\geq 1\times10^{12}$	$\geq 1\times10^{10}$	$\geq 1\times10^{7}$
^{68}Ge	$\geq 7\times10^{14}$	$\geq 7\times10^{12}$	$\geq 7\times10^{11}$	$\geq 7\times10^{9}$	$\geq 1\times10^{5}$
^{3}H	$\geq 2\times10^{18}$	$\geq 2\times10^{16}$	$\geq 2\times10^{15}$	$\geq 2\times10^{13}$	$\geq 1\times10^{9}$
^{203}Hg	$\geq 3\times10^{14}$	$\geq 3\times10^{12}$	$\geq 3\times10^{11}$	$\geq 3\times10^{9}$	$\geq 1\times10^{5}$
^{125}I	$\geq 2\times10^{14}$	$\geq 2\times10^{12}$	$\geq 2\times10^{11}$	$\geq 2\times10^{9}$	$\geq 1\times10^{6}$
^{131}I	$\geq 2\times10^{14}$	$\geq 2\times10^{12}$	$\geq 2\times10^{11}$	$\geq 2\times10^{9}$	$\geq 1\times10^{6}$
^{192}Ir	$\geq 8\times10^{13}$	$\geq 8\times10^{11}$	$\geq 8\times10^{10}$	$\geq 8\times10^{8}$	$\geq 1\times10^{4}$
^{85}Kr	$\geq 3\times10^{16}$	$\geq 3\times10^{14}$	$\geq 3\times10^{13}$	$\geq 3\times10^{11}$	$\geq 1\times10^{4}$
^{99}Mo	$\geq 3\times10^{14}$	$\geq 3\times10^{12}$	$\geq 3\times10^{11}$	$\geq 3\times10^{9}$	$\geq 1\times10^{6}$
^{95}Nb	$\geq 9\times10^{13}$	$\geq 9\times10^{11}$	$\geq 9\times10^{10}$	$\geq 9\times10^{8}$	$\geq 1\times10^{6}$
^{63}Ni	$\geq 6\times10^{16}$	$\geq 6\times10^{14}$	$\geq 6\times10^{13}$	$\geq 6\times10^{11}$	$\geq 1\times10^{8}$
$^{237}Np(^{233}Pa)$	$\geq 7\times10^{13}$	$\geq 7\times10^{11}$	$\geq 7\times10^{10}$	$\geq 7\times10^{8}$	$\geq 1\times10^{3}$
^{32}P	$\geq 1\times10^{16}$	$\geq 1\times10^{14}$	$\geq 1\times10^{13}$	$\geq 1\times10^{11}$	$\geq 1\times10^{5}$
^{103}Pd	$\geq 9\times10^{16}$	$\geq 9\times10^{14}$	$\geq 9\times10^{13}$	$\geq 9\times10^{11}$	$\geq 1\times10^{8}$
^{147}Pm	$\geq 4\times10^{16}$	$\geq 4\times10^{14}$	$\geq 4\times10^{13}$	$\geq 4\times10^{11}$	$\geq 1\times10^{7}$
^{210}Po	$\geq 6\times10^{13}$	$\geq 6\times10^{11}$	$\geq 6\times10^{10}$	$\geq 6\times10^{8}$	$\geq 1\times10^{4}$
^{238}Pu	$\geq 6\times10^{13}$	$\geq 6\times10^{11}$	$\geq 6\times10^{10}$	$\geq 6\times10^{8}$	$\geq 1\times10^{4}$
$^{239}Pu/Be$	$\geq 6\times10^{13}$	$\geq 6\times10^{11}$	$\geq 6\times10^{10}$	$\geq 6\times10^{8}$	$\geq 1\times10^{4}$

续表

核素	Ⅰ类源/Bq	Ⅱ类源/Bq	Ⅲ类源/Bq	Ⅳ类源/Bq	Ⅴ类源/Bq
^{239}Pu	$\geqslant 6\times10^{13}$	$\geqslant 6\times10^{11}$	$\geqslant 6\times10^{10}$	$\geqslant 6\times10^{8}$	$\geqslant 1\times10^{4}$
^{240}Pu	$\geqslant 6\times10^{13}$	$\geqslant 6\times10^{11}$	$\geqslant 6\times10^{10}$	$\geqslant 6\times10^{8}$	$\geqslant 1\times10^{3}$
^{242}Pu	$\geqslant 7\times10^{13}$	$\geqslant 7\times10^{11}$	$\geqslant 7\times10^{10}$	$\geqslant 7\times10^{8}$	$\geqslant 1\times10^{4}$
^{226}Ra	$\geqslant 4\times10^{13}$	$\geqslant 4\times10^{11}$	$\geqslant 4\times10^{10}$	$\geqslant 4\times10^{8}$	$\geqslant 1\times10^{4}$
^{188}Re	$\geqslant 1\times10^{15}$	$\geqslant 1\times10^{13}$	$\geqslant 1\times10^{12}$	$\geqslant 1\times10^{10}$	$\geqslant 1\times10^{5}$
$^{103}Ru(^{103m}Rh)$	$\geqslant 1\times10^{14}$	$\geqslant 1\times10^{12}$	$\geqslant 1\times10^{11}$	$\geqslant 1\times10^{9}$	$\geqslant 1\times10^{6}$
$^{106}Ru(^{106}Rh)$	$\geqslant 3\times10^{14}$	$\geqslant 3\times10^{12}$	$\geqslant 3\times10^{11}$	$\geqslant 3\times10^{9}$	$\geqslant 1\times10^{5}$
^{35}S	$\geqslant 6\times10^{16}$	$\geqslant 6\times10^{14}$	$\geqslant 6\times10^{13}$	$\geqslant 6\times10^{11}$	$\geqslant 1\times10^{8}$
^{75}Se	$\geqslant 2\times10^{14}$	$\geqslant 2\times10^{12}$	$\geqslant 2\times10^{11}$	$\geqslant 2\times10^{9}$	$\geqslant 1\times10^{6}$
^{89}Sr	$\geqslant 2\times10^{16}$	$\geqslant 2\times10^{14}$	$\geqslant 2\times10^{13}$	$\geqslant 2\times10^{11}$	$\geqslant 1\times10^{6}$
$^{90}Sr(^{90}Y)$	$\geqslant 1\times10^{15}$	$\geqslant 1\times10^{13}$	$\geqslant 1\times10^{12}$	$\geqslant 1\times10^{10}$	$\geqslant 1\times10^{4}$
^{99m}Tc	$\geqslant 7\times10^{14}$	$\geqslant 7\times10^{12}$	$\geqslant 7\times10^{11}$	$\geqslant 7\times10^{9}$	$\geqslant 1\times10^{7}$
^{132}Te （^{132}I）	$\geqslant 3\times10^{13}$	$\geqslant 3\times10^{11}$	$\geqslant 3\times10^{10}$	$\geqslant 3\times10^{8}$	$\geqslant 1\times10^{7}$
^{230}Th	$\geqslant 7\times10^{13}$	$\geqslant 7\times10^{11}$	$\geqslant 7\times10^{10}$	$\geqslant 7\times10^{8}$	$\geqslant 1\times10^{4}$
^{204}Tl	$\geqslant 2\times10^{16}$	$\geqslant 2\times10^{14}$	$\geqslant 2\times10^{13}$	$\geqslant 2\times10^{11}$	$\geqslant 1\times10^{4}$
^{170}Tm	$\geqslant 2\times10^{16}$	$\geqslant 2\times10^{14}$	$\geqslant 2\times10^{13}$	$\geqslant 2\times10^{11}$	$\geqslant 1\times10^{6}$
^{90}Y	$\geqslant 5\times10^{15}$	$\geqslant 5\times10^{13}$	$\geqslant 5\times10^{12}$	$\geqslant 5\times10^{10}$	$\geqslant 1\times10^{5}$
^{91}Y	$\geqslant 8\times10^{15}$	$\geqslant 8\times10^{13}$	$\geqslant 8\times10^{12}$	$\geqslant 8\times10^{10}$	$\geqslant 1\times10^{6}$
^{169}Yb	$\geqslant 3\times10^{14}$	$\geqslant 3\times10^{12}$	$\geqslant 3\times10^{11}$	$\geqslant 3\times10^{9}$	$\geqslant 1\times10^{7}$
^{65}Zn	$\geqslant 1\times10^{14}$	$\geqslant 1\times10^{12}$	$\geqslant 1\times10^{11}$	$\geqslant 1\times10^{9}$	$\geqslant 1\times10^{6}$
^{95}Zr	$\geqslant 4\times10^{13}$	$\geqslant 4\times10^{11}$	$\geqslant 4\times10^{10}$	$\geqslant 4\times10^{8}$	$\geqslant 1\times10^{6}$

注：1. ^{241}Am 用于固定式烟雾报警器时的豁免值为 1×10^{5} Bq。

2. 核素份额不明的混合源，按其危险度最大的核素分类，其总活度视为该核素的活度。

三、非密封源分类

上述放射源分类原则对非密封源适用。

非密封源工作场所按放射性核素日等效最大操作量分为甲、乙、丙三级，具体分级标准见《电离辐射防护与辐射源安全标准》（GB 18871—2002）。

甲级非密封源工作场所的安全管理参照Ⅰ类放射源。

乙级和丙级非密封源工作场所的安全管理参照Ⅱ、Ⅲ类放射源。

附：非密封源工作场所的分级

级别	日等效最大操作量/Bq
甲	$>4\times10^{9}$
乙	$2\times10^{7}\sim4\times10^{9}$
丙	豁免活度值以上 $\sim2\times10^{7}$

国家环境保护总局公告

2006 年　第 26 号

关于发布射线装置分类办法的公告

根据《放射性同位素与射线装置安全和防护条例》（国务院令第 449 号）关于射线装置实行分类管理的规定，国家环境保护总局和卫生部组织制定了《射线装置分类办法》，现予发布。（此公告业经卫生部陈啸宏会签）

二〇〇六年五月三十日

射线装置分类办法

根据《放射性同位素与射线装置安全和防护条例》（国务院令第449号）规定，制定本射线装置分类办法。

一、射线装置分类原则

根据射线装置对人体健康和环境可能造成危害的程度，从高到低将射线装置分为Ⅰ类、Ⅱ类、Ⅲ类。按照使用用途分医用射线装置和非医用射线装置。

（一）Ⅰ类为高危险射线装置，事故时可以使短时间受照射人员产生严重放射损伤，甚至死亡，或对环境造成严重影响；

（二）Ⅱ类为中危险射线装置，事故时可以使受照人员产生较严重放射损伤，大剂量照射甚至导致死亡；

（三）Ⅲ类为低危险射线装置，事故时一般不会造成受照人员的放射损伤。

二、射线装置分类表

常用的射线按下表进行分类。

射线装置分类表

装置类别	医用射线装置	非医用射线装置
Ⅰ类 射线装置	能量大于100 MeV的医用加速器	生产放射性同位素的加速器（不含制备PET用放射性药物的加速器）
		能量大于100 MeV的加速器
Ⅱ类 射线装置	放射治疗用X射线、电子束加速器	工业探伤加速器
	重离子治疗加速器	安全检查用加速器
	质子治疗装置	辐照装置用加速器
	制备正电子发射计算机断层显像装置（PET）用放射性药物的加速器	其他非医用加速器
	其他医用加速器	中子发生器
	X射线深部治疗机	工业用X射线CT机
	数字减影血管造影装置	X射线探伤机

续表

装置类别	医用射线装置	非医用射线装置
Ⅲ类 射线装置	医用 X 射线 CT 机	X 射线行李包检查装置
	放射诊断用普通 X 射线机	X 射线衍射仪
	X 射线摄影装置	兽医用 X 射线机
	牙科 X 射线机	
	乳腺 X 射线机	
	放射治疗模拟定位机	
	其他高于豁免水平的 X 射线机	

放射源编码规则

一、本规则所称放射源均指密封放射源，但不包括用于医学治疗中植入人体的种子源。

二、半衰期大于或等于60天的放射源（以下简称放射源）必须按照本规则编12位编码，半衰期小于60天的放射源可以不编码。常见核素半衰期见表一。

三、生产单位包括生产放射源的单位和利用放射性物质加工或分装放射源的单位。

涉源单位是指从事放射源生产、进口、出口、销售、使用、贮存等业务且拥有放射源的单位。

四、放射源编码由12位数字和字母组成，分别表示生产单位（或生产国）、出厂年份、核素代码、产品序列号、放射源类别等内容，详见附一。每个放射源具有唯一编码，同一编码不得重复使用。

五、放射源编码要填入放射源编码卡。对于放射源与包装容器或含放射源仪器设备永久固定在一起的，放射源编码卡应固定在容器或设备的明显位置；对于放射源与包装容器或含放射源仪器设备不固定在一起的，在装有放射源的容器或设备的明显位置应设插槽，放射源编码卡插入插槽内。放射源编码卡必须伴随放射源从生产到处置的全过程，放射源发生转移时，“放射源编码卡”必须随放射源共同转移。放射源编码卡的格式见附二。

六、对于2005年1月1日后国内生产的所有放射源，由国内生产单位依据本编码规则编制12位编码，并如实填写放射源编码卡。产品序列号应按照出厂年份和核素分类排序。编码应报国务院环境保护行政主管部门备案。

七、对于2005年1月1日后从国外进口的所有放射源，放射源进口单位到国务院环境保护行政主管部门办理进口备案手续时，申领放射源编码，并如实填写放射源编码卡。

国务院环境保护行政主管部门按照本编码规则进行编码，产品序列号应按照出厂年份和核素分类排序。

八、对于2004年12月31日以前国内生产或国外进口的所有放射源，由各省级环境保护行政主管部门根据本编码规则和序列号分配表（表二）进行编码，所有放射源产品序列号统一排序。产品序列号不够使用时，可向国务院环境保护行政主管部门申请。

涉源单位自2004年9月1日至12月31日向所在地省级环境保护行政主管部门申领编码，并如实填写放射源编码卡。放射源已按本规则进行编码的，不得再次申请编码。

九、涉源单位在申领编码时应如实提供放射源生产单位（生产国）、核素、出厂日期、出厂活度等必要资料，并对编码卡内容的真实性负责。

十、放射源被处置或由生产单位回收或返回原出口国的，处置单位或生产单位或负责办理废源返回出口国手续的单位应在30日之内向所在地省级环境保护行政主管部门办理编码注销手续。

十一、表一未列出的核素，由编码单位向国务院环境保护行政主管部门申请核素代码。

十二、表三未列出代码的国内生产单位应向国务院环境保护行政主管部门申领单位代码。

十三、国家或地区代码未在表四列出的，可查阅国家标准《世界各国和地区名称代码》（GB/T 2659—2000）。

附一　放射源编码格式

附二　放射源编码卡格式

附一：

放射源编码格式

1	2	3	4	5	6	7	8	9	10	11	12

放射源编码由12位数字和字母组成，其中：

第1~2位：国内生产的放射源，为生产单位代码，用两位数字表示，详见表三；国外生产的，为生产国家代码，用两位字母表示，详见表四。

第3~4位：为出厂年份，用年份后2位数字表示。如2004年出厂的放射源，则填写04。放射源于2005年1月1日前出厂且年份不清楚的，填写NN。

第5~6位：为核素代码，常见核素代码见表一。2005年1月1日前出厂的放射源且本项不清楚的，填写NN。

第7~11位：为产品序列号。

第12位：出厂时放射源类别。分为1、2、3、4、5类源，分别填写1、2、3、4、5，不清楚的填写N。常见放射源分类简表见表五。

例：1. 生产单位排定产品序列号时，应按出厂年份和核素类别分类后，再排定顺序。如：

中国原子能科学研究院2005年生产的铯－137放射源，由生产单位分配产品序列号为00001，出厂时为3类放射源，则其编码为：0405CS000013；

该厂2005年生产的钋－210放射源，由生产单位分配产品序列号为00001，出厂时为3类放射源，则其编码为：0405PO000013。

2. 对于2004年12月31日（含）以前生产的放射源，各省排序时，可不再区分出厂年份、核素和生产单位（生产国），而将所有放射源统一排序。如：

2003年从美国进口的钴－60放射源，在北京使用，如果北京市环境保护局在分配的“00001～05000”号段内为其排定序列号为00001，出厂时为4类放射源，则其编码为：US03CO000014；

2002年北京原子高科核技术应用股份有限公司出厂的铯－137放射源，在北京使用，如果北京市环境保护局在分配的“00001～05000”号段内为其排定序列号为00002，出厂时为4类放射源，则其编码为：0102CS000024。

附二：

放射源编码卡格式

1. 字体均为五号宋体，应为刻印，不得手写。

2. 编码卡材料要适合存档和长期保存，建议使用金属或PVC磁卡材质。

3. 编码卡标准尺寸为5.6cm×9cm，可根据容器大小按比例调整尺寸，但应以便于识别为准。

核素名称	
出厂活度	______________贝可
出厂日期	年　月　日
生产厂家	
源外形尺寸	
标号	
国家编码	

填写说明：

1. 国家编码为按《放射源编码规则》编制的编码。
2. 核素名称用汉字和核素符号填写。如：钴－60，^{60}Co。
3. 源外形尺寸填写源本体形状和尺寸。如：圆柱体，Φ8mm×10mm，立方体，2mm×2mm×2mm。
4. 标号为生产单位刻印在源本体或包壳上的编号。
5. 本卡不能留空，不清楚的项目填“未知”。

表一　常见放射源数据简表

核素符号	核素名称	半衰期	核素代码
^{3}H	氢－3	12.33年	H3
^{55}Fe	铁－55	2.6年	FE
^{57}Co	钴－57	271.8天	C7
^{60}Co	钴－60	5.26年	CO
^{63}Ni	镍－63	100.1年	NI
^{68}Ge	锗－68	270.8天	GE
^{75}Se	硒－75	119.8天	SE
^{85}Kr	氪－85	3 934.4天	KR
^{106}Ru（^{106}Rh）	钌－106（铑－106）	368.2天	RU
^{109}Cd	镉－109	461.4天	CD
^{137}Cs	铯－137	30.17年	CS
^{147}Pm	钷－147	2.62年	PM
^{153}Gd	钆－153	240.4天	GD
^{192}Ir	铱－192	73.8天	IR
^{210}Po	钋－210	138.4天	PO
^{226}Ra	镭－226	1 602年	RA
^{238}Pu	钚－238	87.7年	P8
$^{239}Pu/Be$	钚－239/铍	24 400年	P9
^{241}Am	镅－241	432.2年	AM
$^{241}Am/Be$	镅－241/铍	432.2年	AB
^{244}Cm	锔－244	18.1年	CM
^{252}Cf	锎－252	2.64年	CF
^{32}P	磷－32	14.26天	—
^{99}Mo	钼－99	2.7天	—
^{103}Pd	钯－103	17.0天	—
^{125}I	碘－125	59.7天	—
^{131}I	碘－131	8.04天	—
^{198}Au	金－198	2.7天	—

表二　放射源编码序号分配表

区段	省、自治区、直辖市	区段	省、自治区、直辖市	区段	省、自治区、直辖市
00001～05000	北京市	47001～50000	安徽省	82501～84500	四川省
05001～09000	天津市	50001～54000	福建省	84501～86500	贵州省
09001～13000	河北省	54001～57000	江西省	86501～88500	云南省
13001～16000	山西省	57001～61000	山东省	88501～90000	西藏自治区
16001～19000	内蒙古自治区	61001～64000	河南省	90001～92000	陕西省
19001～24000	辽宁省	64001～67000	湖北省	92001～94000	甘肃省
24001～27000	吉林省	67001～70000	湖南省	94001～96000	青海省
27001～29000	黑龙江省	70001～76000	广东省	96001～98000	宁夏回族自治区
29001～35000	上海市	76001～79000	广西壮族自治区	98001～99999	新疆维吾尔自治区
35001～41000	江苏省	79001～81000	海南省		
41001～47000	浙江省	81001～82500	重庆市		

表三　国内生产单位代码表

代码	生　产　单　位
01	北京原子高科核技术应用股份有限公司
02	中核甘肃华原企业总公司
03	中核高通同位素股份有限公司
04	中国原子能科学研究院
05	中国工程物理研究院
06	中国同位素公司
07	
……	
99	
00	放射源为国内生产，但生产单位不清楚

表四　部分国家名称代码（引自《世界各国和地区名称代码》（GB/T 2659—2000））

中文和英文简称	代码	中文和英文简称	代码	中文和英文简称	代码
阿根廷 ARGENTINA	AR	希腊 GREECE	GR	波兰 POLAND	PL
澳大利亚 AUSTRALIA	AU	匈牙利 HUNGARY	HU	葡萄牙 PORTUGAL	PL
白俄罗斯 BELARUS	BY	冰岛 ICELAND	IS	罗马尼亚 ROMANIA	RO
比利时 BELGIUM	BE	印度 INDIA	IN	俄罗斯联邦 RUSSIAN FEDERATION	RU
巴西 BRAZIL	BR	印度尼西亚 INDONESIA	ID	斯洛伐克 SLOVAKIA	SK
保加利亚 BULGARIA	BG	爱尔兰 IRELAND	IE	斯洛文尼亚 SLOVENIA	SI
加拿大 CANADA	CA	以色列 ISRAEL	IL	南非 SOUTH AFRICA	ZA
克罗地亚 CROATIA	HR	意大利 ITALY	IT	西班牙 SPAIN	ES
捷克 CZECH REPUBLIC	CZ	日本 JAPAN	JP	瑞典 SWEDEN	SE
丹麦 DENMARK	DK	哈萨克斯坦 KAZAKHSTAN	KZ	土耳其 TURKEY	TR
埃及 EGYPT	EG	韩国 KOREA	KR	乌克兰 UKRAINE	UA
爱沙尼亚 ESTONIA	EE	吉尔吉斯斯坦 KYRGYZSTAN	KG	英国 UNITED KINGDOM	GB
芬兰 FINLAND	FI	墨西哥 MEXICO	MX	美国 UNITED STATES	US
法国 FRANCE	FR	荷兰 NETHERLANDS	NL	乌兹别克斯坦 UZBEKISTAN	UZ
德国 GERMANY	DE	挪威 NORWAY	NO	放射源为国外生产，但国家名称不清楚	ZZ

表五　常见放射源分类简表

核素	1 类源/B_q	2 类源/B_q	3 类源/B_q	4 类源/B_q	5 类源/B_q
^{3}H	$\geq 2\times10^{18}$	$\geq 2\times10^{16}$	$\geq 2\times10^{15}$	$\geq 2\times10^{13}$	1×10^{9}
^{32}P	$\geq 1\times10^{16}$	$\geq 1\times10^{14}$	$\geq 1\times10^{13}$	$\geq 1\times10^{11}$	1×10^{5}
^{55}Fe	$\geq 8\times10^{17}$	$\geq 8\times10^{15}$	$\geq 8\times10^{14}$	$\geq 8\times10^{12}$	1×10^{6}
^{57}Co	$\geq 7\times10^{14}$	$\geq 7\times10^{12}$	$\geq 7\times10^{11}$	$\geq 7\times10^{9}$	1×10^{6}
^{60}Co	$\geq 3\times10^{13}$	$\geq 3\times10^{11}$	$\geq 3\times10^{10}$	$\geq 3\times10^{8}$	1×10^{5}
^{63}Ni	$\geq 6\times10^{16}$	$\geq 6\times10^{14}$	$\geq 6\times10^{13}$	$\geq 6\times10^{11}$	1×10^{8}
^{68}Ge	$\geq 7\times10^{14}$	$\geq 7\times10^{12}$	$\geq 7\times10^{11}$	$\geq 7\times10^{9}$	—
^{75}Se	$\geq 2\times10^{14}$	$\geq 2\times10^{12}$	$\geq 2\times10^{11}$	$\geq 2\times10^{9}$	1×10^{6}
^{85}Kr	$\geq 3\times10^{16}$	$\geq 3\times10^{14}$	$\geq 3\times10^{13}$	$\geq 3\times10^{11}$	1×10^{4}
^{99}Mo	$\geq 3\times10^{14}$	$\geq 3\times10^{12}$	$\geq 3\times10^{11}$	$\geq 3\times10^{9}$	1×10^{6}
^{99}Mo	$\geq 3\times10^{14}$	$\geq 3\times10^{12}$	$\geq 3\times10^{11}$	$\geq 3\times10^{9}$	1×10^{6}
^{106}Ru（^{106}Rh）	$\geq 3\times10^{14}$	$\geq 3\times10^{12}$	$\geq 3\times10^{11}$	$\geq 3\times10^{9}$	1×10^{5}
^{103}Pd	$\geq 9\times10^{16}$	$\geq 9\times10^{14}$	$\geq 9\times10^{13}$	$\geq 9\times10^{11}$	1×10^{8}
^{109}Cd	$\geq 2\times10^{16}$	$\geq 2\times10^{14}$	$\geq 2\times10^{13}$	$\geq 2\times10^{11}$	1×10^{6}
^{125}I	$\geq 2\times10^{14}$	$\geq 2\times10^{12}$	$\geq 2\times10^{11}$	$\geq 2\times10^{9}$	1×10^{6}
^{131}I	$\geq 2\times10^{14}$	$\geq 2\times10^{12}$	$\geq 2\times10^{11}$	$\geq 2\times10^{9}$	1×10^{6}
^{137}Cs	$\geq 1\times10^{14}$	$\geq 1\times10^{12}$	$\geq 1\times10^{11}$	$\geq 1\times10^{9}$	1×10^{4}
^{147}Pm	$\geq 4\times10^{16}$	$\geq 4\times10^{14}$	$\geq 4\times10^{13}$	$\geq 4\times10^{11}$	1×10^{7}
^{153}Gd	$\geq 1\times10^{15}$	$\geq 1\times10^{13}$	$\geq 1\times10^{12}$	$\geq 1\times10^{10}$	1×10^{7}
^{192}Ir	$\geq 8\times10^{13}$	$\geq 8\times10^{11}$	$\geq 8\times10^{10}$	$\geq 8\times10^{8}$	1×10^{4}
^{198}Au	$\geq 2\times10^{14}$	$\geq 2\times10^{12}$	$\geq 2\times10^{11}$	$\geq 2\times10^{9}$	1×10^{6}
^{210}Po	$\geq 6\times10^{13}$	$\geq 6\times10^{11}$	$\geq 6\times10^{10}$	$\geq 6\times10^{8}$	1×10^{4}
^{226}Ra	$\geq 4\times10^{13}$	$\geq 4\times10^{11}$	$\geq 4\times10^{10}$	$\geq 4\times10^{8}$	1×10^{4}
^{238}Pu	$\geq 6\times10^{13}$	$\geq 6\times10^{11}$	$\geq 6\times10^{10}$	$\geq 6\times10^{8}$	1×10^{4}
$^{239}Pu/Be$	$\geq 6\times10^{13}$	$\geq 6\times10^{11}$	$\geq 6\times10^{10}$	$\geq 6\times10^{8}$	—
^{241}Am	$\geq 6\times10^{13}$	$\geq 6\times10^{11}$	$\geq 6\times10^{10}$	$\geq 6\times10^{8}$	1×10^{4}
$^{241}Am/Be$	$\geq 6\times10^{13}$	$\geq 6\times10^{11}$	$\geq 6\times10^{10}$	$\geq 6\times10^{8}$	—
^{244}Cm	$\geq 5\times10^{13}$	$\geq 5\times10^{11}$	$\geq 5\times10^{10}$	$\geq 5\times10^{8}$	1×10^{4}
^{252}Cf	$\geq 2\times10^{13}$	$\geq 2\times10^{11}$	$\geq 2\times10^{10}$	$\geq 2\times10^{8}$	1×10^{4}

关于建立放射性同位素与射线装置辐射事故分级处理和报告制度的通知

环发［2006］145号

各省、自治区、直辖市环境保护局（厅）、公安厅（局）、卫生厅（局）：

为及时有效处理放射性同位素与射线装置生产、销售、使用过程中发生的辐射事故，控制和减轻事故后果，根据《放射性同位素与射线装置安全和防护条例》（国务院令第449号）规定的辐射事故分类和分级处理原则，需要明确建立辐射事故分级处理和报告制度。现将有关事项通知如下：

一、本通知所指辐射事故，是指放射源丢失、被盗、失控事故；或者放射性同位素和射线装置失控导致人员受到异常照射的事故。

二、发生辐射事故时，事故单位应当立即启动本单位的辐射事故应急方案，采取必要防范措施，并在2小时内填写《辐射事故初始报告表》（见附件1），向当地环境保护部门和公安部门报告。造成或可能造成人员超剂量照射的，还应同时向当地卫生行政部门报告。

三、接到辐射事故报告的环境保护部门、公安部门和卫生行政部门，应在2小时内将辐射事故信息向上一级环境保护部门、公安部门和卫生行政部门报告，直至省级环境保护部门、公安部门和卫生行政部门；在发生特别重大辐射事故情况下，可以同时向国家环保总局、公安部和卫生部报告。

四、省、地（市）和县级环境保护部门、公安部门、卫生部门在接到各类辐射事故报告后，应当按照辐射事故应急预案的要求和辐射事故的严重程度（见附件二、三、四），立即派人赶赴现场，进行现场调查，采取有效措施，控制并消除事故影响，同时将辐射事故信息报告同级人民政府。事故处置工作基本完成后，省级环境保护部门应向国家环保总局报送辐射事故后续报告（见附件五）。

五、省级环境保护部门在接到辐射事故报告后，确认该辐射事故属特别重大辐射事故和重大辐射事故时，应及时通报省级公安部门和卫生行政部门，并在2小时内上报国家环保总局。国家环保总局在接到事故报告后，立即组织核实、确认事故类型，在2小时内上报国务院，并通报公安部和卫生部。较大辐射事故和一般辐射事故无需上报国务院有关部门。

六、每年 1 月 10 日前和 7 月 10 日前，各省级环境保护部门应分别将上一年度和上半年辖区内发生的所有辐射事故情况汇总报送国家环保总局，并抄送同级公安部门和卫生行政部门。特此通知，请遵照执行。

附件：1. 辐射事故初始报告表

2. 放射源分类办法（略）

3. 射线装置分类办法（略）

4. 辐射事故分级

5. 辐射事故后续报告表

二〇〇六年九月二十六日

附件一：

________________辐射事故初始报告表

<table>
<tr><td>事故单位名称</td><td colspan="6">（公章）</td></tr>
<tr><td>法定代表人</td><td></td><td>地址</td><td colspan="2"></td><td>邮编</td><td></td></tr>
<tr><td>电话</td><td colspan="2"></td><td>传真</td><td></td><td>联系人</td><td></td></tr>
<tr><td>许可证号</td><td colspan="2"></td><td>许可证审批机关</td><td colspan="3"></td></tr>
<tr><td>事故发生时间</td><td colspan="2"></td><td>事故发生地点</td><td colspan="3"></td></tr>
<tr><td rowspan="3">事故类型</td><td colspan="3">□人员受照□人员污染</td><td colspan="3">受照人数　受污染人数</td></tr>
<tr><td colspan="3">□丢失　□被盗　□失控</td><td colspan="3">事故源数量</td></tr>
<tr><td colspan="3">□放射性污染</td><td colspan="3">污染面积（m^2）</td></tr>
<tr><td>序号</td><td>事故源核素名称</td><td>出厂活度（Bq）</td><td>出厂日期</td><td>放射源编码</td><td>事故时活度（Bq）</td><td>非密封放射性物质状态（固/液态）</td></tr>
<tr><td></td><td></td><td></td><td></td><td></td><td></td><td></td></tr>
<tr><td></td><td></td><td></td><td></td><td></td><td></td><td></td></tr>
<tr><td>事故经过情况</td><td colspan="6"></td></tr>
<tr><td>报告人签字</td><td></td><td colspan="2">报告时间</td><td colspan="3">年　月　日　时　分</td></tr>
</table>

注：射线装置的“主要参数”是指 X 射线机的电流（mA）和电压（kV）、加速器线束能量等主要性能参数。

附件四：

辐射事故分级

根据辐射事故的性质、严重程度、可控性和影响范围等因素，从重到轻将辐射事故分为特别重大辐射事故、重大辐射事故、较大辐射事故和一般辐射事故四个等级。

特别重大辐射事故，是指Ⅰ类、Ⅱ类放射源丢失、被盗、失控造成大范围严重辐射污染后果，或者放射性同位素和射线装置失控导致3人以上（含3人）急性死亡。

重大辐射事故，是指Ⅰ类、Ⅱ类放射源丢失、被盗、失控，或者放射性同位素和射线装置失控导致2人以下（含2人）急性死亡或者10人以上（含10人）急性重度放射病、局部器官残疾。

较大辐射事故，是指Ⅲ类放射源丢失、被盗、失控，或者放射性同位素和射线装置失控导致9人以下（含9人）急性重度放射病、局部器官残疾。

一般辐射事故，是指Ⅳ类、Ⅴ类放射源丢失、被盗、失控，或者放射性同位素和射线装置失控导致人员受到超过年剂量限值的照射。

附件五：

________________辐射事故后续报告表

<table>
<tr><td colspan="2" rowspan="2">事故单位</td><td colspan="2">名称</td><td colspan="3">地址</td></tr>
<tr><td colspan="2">许可证号</td><td colspan="3">许可证审批机关</td></tr>
<tr><td colspan="2">事故发生时间</td><td colspan="2"></td><td colspan="3">事故报告时间</td></tr>
<tr><td colspan="2">事故发生地点</td><td colspan="5"></td></tr>
<tr><td colspan="2" rowspan="3">事故类型</td><td colspan="2">□人员受照
□人员污染</td><td colspan="3">受照人数　受污染人数</td></tr>
<tr><td colspan="2">□丢失
□被盗
□失控</td><td colspan="3">事故源数量</td></tr>
<tr><td colspan="2">□放射性污染</td><td colspan="3">污染面积（m^2）</td></tr>
<tr><td>序号</td><td>事故源核素名称</td><td>出厂活度（Bq）</td><td>出厂日期</td><td>放射源编码</td><td>事故时活度（Bq）</td><td>非密封放射性物质状态（固/液态）</td></tr>
<tr><td></td><td></td><td></td><td></td><td></td><td></td><td></td></tr>
</table>

续表

<table>
<tr><th>序号</th><th>射线装置名称</th><th>型号</th><th>生产厂家</th><th>设备编号</th><th>所在场所</th><th>主要参数</th></tr>
<tr><td></td><td></td><td></td><td></td><td></td><td></td><td></td></tr>
<tr><td></td><td></td><td></td><td></td><td></td><td></td><td></td></tr>
<tr><td></td><td></td><td></td><td></td><td></td><td></td><td></td></tr>
<tr><td colspan="2">事故级别</td><td colspan="5">□一般辐射事故 □较大辐射事故
□重大辐射事故 □特别重大辐射事故</td></tr>
<tr><td colspan="2">事故经过
和处理情况</td><td colspan="5"></td></tr>
<tr><td colspan="2" rowspan="3">事故发生地
省级环保局</td><td colspan="2">联系人</td><td colspan="3" rowspan="3">（公章）</td></tr>
<tr><td colspan="2">电话</td></tr>
<tr><td colspan="2">传真</td></tr>
</table>

注：射线装置的“主要参数”是指X射线机的电流（mA）和电压（kV）、加速器线束能量等主要性能参数。

关于加强放射性药品辐射安全管理的通知

环办［2009］52号

各省、自治区、直辖市环境保护局（厅），环境保护部各核与辐射安全监督站，各有关单位：

为规范放射性药品生产、销售、使用的辐射安全管理，加强放射性药品辐射安全许可证管理，根据《放射性同位素与射线装置安全和防护条例》和《放射性同位素与射线装置安全许可管理办法》，现就有关问题通知如下：

一、所有放射性药品生产、销售、使用单位，必须按照《放射性同位素与射线装置安全和防护条例》和《放射性同位素与射线装置安全许可管理办法》，取得辐射安全许可证。禁止无辐射安全许可证的单位生产、销售、使用放射性药品。

二、在《放射性同位素与射线装置安全和防护条例》实施前，已取得放射性同位素生产许可证的放射性药品生产单位，必须于2009年5月31日前向环境保护部申请换发并取得辐射安全许可证。

已取得放射性同位素销售、使用许可证的放射性药品销售、使用单位，必须于2009年5月31日前向所在地省级环保部门申请换发并取得辐射安全许可证。

三、放射性药品销售单位，在对外出售放射性药品时，应当要求购买单位提供其依法取得的辐射安全许可证复印件，并存档备查。放射性药品销售单位不得向无辐射安全许可证的单位供应放射性药品。

四、省级环保部门和接受省级环保部门委托颁发辐射安全许可证的设区的市级环保部门，应当严格执行《放射性同位素与射线装置安全许可管理办法》规定的辐射安全许可证的审批程序和条件，加快审批进度，尽快完成放射性药品生产、销售、使用单位辐射安全许可证的换发工作。

五、各级环保部门应当加大对放射性药品生产、销售、使用活动的监管力度，对无辐射安全许可证生产、销售、使用放射性药品的单位，一律责令停止违法行为，限期办理辐射安全许可证；逾期不改正的，依法责令停产停业，没收违法所得，并处罚款。

二〇〇九年四月二十三日

关于开展环境保护部辐射安全许可证延续和换发工作的函

环办函［2011］62号

各省、自治区、直辖市环境保护厅（局），环境保护部各核与辐射安全监督站，环境保护部核与辐射安全中心：

为有序开展辐射安全许可证的延续和换发工作，依法加强对核技术利用单位的监督管理，现就我部颁发的辐射安全许可证开展延续和换发工作提出如下要求：

一、关于辐射安全许可证办理延续申请

（一）辐射安全许可证有效期届满，需要延续的持证单位应当于许可证有效期届满30日前（至少提前30日）向我部提出延续申请。申请时，应填写“辐射安全许可证延续申请表”（见附件一），并提交至少许可证有效期最后一年的监测报告及持证期间的辐射安全防护工作总结等文件，同时还应在全国核技术利用辐射安全申报系统（http://rr.mep.gov.cn）中进行网上申报。

（二）所提交的监测报告应由省级人民政府环境保护部门认可的有资质的单位出具，监测内容应包括辐射工作场所监测、辐射环境γ空气吸收剂量率监测及辐射工作人员个人剂量监测等。

（三）辐射安全防护工作总结由持证单位自行编制，并对总结的真实性负责。总结内容应包括持证单位所有核技术利用项目的辐射安全和防护设施的运行与维护，辐射安全和防护制度及措施的制定与落实，辐射工作人员变动及辐射安全和防护知识教育培训，放射性同位素与射线装置的最新台账，辐射事故、事件的应急管理，监管部门提出整改要求的落实等工作。

二、关于辐射安全许可证延续的审查

（一）我部受理延续申请后，将在5个工作日内完成申请材料的形式审查。形式审查合格的，交由环境保护部核与辐射安全中心进行技术审评；形式审查不合格的，一次性通知申请单位补充材料。

（二）持证单位在申领许可证时有需要继续完善的事项，或在持证期间发生辐射事故，或受到整改或处罚决定等情况的，我部将在审查期间组织进行现场检查，并召开专家审查会议对许可证换发工作进行审议。

（三）审查合格的，我部通知持证单位交回原许可证，换发新辐射安全许可证；审查不合格的，通知持证单位交回原许可证，且原许可证自动失效。

三、请各地区核与辐射安全监督站对辖区内 2011 年需要延续许可证的单位进行统计，并说明是否需要进行现场检查和召开专家审查会议及原因。请各站于 2011 年 2 月 1 日前按附件二表格要求填写，将统计结果报送我部辐射安全管理司。

附件：1. 辐射安全许可证延续申请表

2. 2011 年许可证延续单位情况汇总表

二〇一一年一月十八日

附件一：

辐射安全许可证延续申请表

受理文号：

<table>
<tr><td>单位名称（盖章）</td><td colspan="4"></td></tr>
<tr><td>地址</td><td colspan="4"></td></tr>
<tr><td rowspan="2">法定代表人</td><td>姓名</td><td></td><td>单位电话</td><td></td></tr>
<tr><td>证件类型</td><td></td><td>号码</td><td></td></tr>
<tr><td>种类和范围</td><td colspan="2"></td><td>证书编号</td><td></td></tr>
<tr><td>有效期至</td><td colspan="2">年　　月　　日</td><td>发证日期</td><td>年　　月　　日</td></tr>
<tr><td>经办人</td><td colspan="2"></td><td>电话</td><td></td></tr>
<tr><td>附件</td><td colspan="4">□辐射安全许可证正、副本复印件
□监测报告
□许可证有效期内的辐射安全防护工作总结
□其他</td></tr>
<tr><td colspan="5">经办人：　　　　　　　　日期：</td></tr>
</table>

填表说明：1. 本表一式两份，格式与内容不得擅自更改。

2. 监测报告包括延期当年的个人剂量监测和辐射环境监测。

附件二：

2011 年许可证延续单位情况汇总表

____________________核与辐射安全监督站

序号	单位名称	许可证号	有效期至 （年　月　日）	是否需要进行现场检查和召开专家审查会	备注

注：如需要进行现场检查和召开专家审查会议填写“是”，并在备注栏里说明理由，否则填写“否”。

关于开展对安保用X射线装置专项检查活动的通知

环办函［2011］1227号

各省、自治区、直辖市环境保护厅（局）：

随着经济的快速发展，越来越多的口岸、机场、港口、车站、地铁等公共场所安装了X射线行李包检查装置（以下简称“X射线装置”），对保证社会安全发挥了积极作用。虽然安保用X射线装置属于Ⅲ类低危险射线装置，对公众健康影响很小，但该类射线装置的使用单位仍应按照《放射性同位素与射线装置安全和防护条例》规定的要求，取得辐射安全许可证。为了进一步保障环境和公众的安全，规范安保用X射线装置的辐射安全监管，请各省、自治区、直辖市环境保护厅（局）于近期开展一次安保用X射线装置专项检查活动。现就有关事项通知如下：

一、检查对象

口岸、机场、港口、车站、地铁等公共场所使用的X射线装置。

二、检查内容

（一）X射线装置项目履行环保手续情况；

（二）X射线装置现场辐射剂量状况；

（三）辐射工作场所的辐射安全警示标志设置情况。

三、对发现未履行环保手续的，应要求业主按法规要求在三个月内补办相关手续。鉴于安保用X射线装置属Ⅲ类低危险射线装置，各省级环保部门对相关项目的行政许可要简化流程，加快办理。

四、对于三个月内仍未按法规要求补办安全许可环保手续的射线装置，各省级环保部门要责令其立即停止使用，否则，要依法查处。

请各省级环保部门将检查情况于2012年2月底前上报我部。

二〇一一年十月二十日

关于加强废旧金属回收熔炼企业辐射安全监管的通知

环办函［2011］920号

各省、自治区、直辖市环境保护厅（局）：

为了贯彻落实《放射性同位素与射线装置安全和防护条例》和《放射性同位素与射线装置安全和防护管理办法》（环境保护部令第18号，以下简称《管理办法》），加强废旧金属回收熔炼企业（以下简称熔炼企业）辐射监测工作，切实解决失控放射源或被放射性物质污染金属制品导致的环境潜在辐射安全隐患问题，各省、自治区、直辖市环境保护厅（局）应按《管理办法》对熔炼企业严格管理，做好以下工作：

一、安全责任的界定原则是，污染物品的拥有者负责对污染物品进行处理处置，对污染来源进行调查举证，并承担全部安全责任。如拥有者证明所拥有的污染物品来自其他单位，则来源单位承担安全责任，该拥有者只承担连带责任。

二、所有熔炼企业必须开展辐射监测，发现放射性污染时应立即报告当地环保部门。对已发现的失控放射源或者被放射性污染的金属要严格控制，实施有效管理，避免流入社会，造成环境污染和公众健康的损害。

三、各地环保部门对已查获的被污染金属应采取有效措施，及时督促拥有者就被污染金属进行回收，并妥善处理。

四、处理被查获的失控放射源或者被污染金属所产生的费用，由失控放射源或者被污染金属的原持有者或者供货方承担。各省级环保部门要严格执法，对失控放射源或者被污染金属的原持有者依法查处。

五、辐射监测数据表明所测金属的放射性辐射水平高于当地天然环境辐射本底水平时，应对其采用伽马谱仪进行分析，确认是否被放射性污染。

六、对于^{60}Co活度浓度不大于100Bq/kg的金属，经检测核实后可无限制使用；对于^{60}Co活度浓度大于20 000Bq/kg的金属，应采取集中贮存方式进行处置；对于活度浓度介于上述两者之间的，熔炼企业应在当地环保部门的监管下对污染金属进行循环再利用。

七、应贮存处置的被污染的金属，可送交所在地城市放射性废物库或其他有资质的单位进行暂存，使之衰变达到可循环再利用为止。

二〇一一年八月二日

关于加强放射性物品运输监督检查的通知

环办［2010］158号

各省、自治区、直辖市环境保护厅（局）：

为了落实《放射性物品运输安全管理条例》有关规定，加强放射性物品运输监督检查，规范托运人和承运人行为，提高放射性物品运输安全水平，现将放射性物品运输监督检查要求通知如下：

一、启运前辐射监测

托运一类放射性物品运输的，托运人应当委托有资质的辐射监测机构对其表面污染和辐射水平实施监测。在放射性污染监测机构实行资质管理实施前，暂由各省、自治区和直辖市辐射环境监测机构承担辐射监测任务。托运人应按照《放射性物品运输安全许可管理办法》（环境保护部令第11号）办理辐射监测备案手续。

托运二类、三类放射性物品运输的，托运人应当对货包、外包装或货物集装箱表面污染和辐射水平实施监测，并编制监测报告存档备查。不具备监测能力的托运人应当委托有资质的辐射监测机构实施监测。

二、省、自治区、直辖市环境保护厅（局）负责辖区内放射性物品运输活动的监督检查。对一类放射性物品运输，启运地的省、自治区、直辖市环境保护厅（局）应当在每次启运前进行现场检查；对二类、三类放射性物品运输根据实际情况实施抽查，原则上每季度不低于一次。

三、放射性物品启运前的监督检查一般包括以下内容：

（一）运输容器及放射性内容物：检查运输容器的日常维护和维修记录、定期安全评价记录（限一类放射性物品运输容器）、编码（限一类、二类放射性物品运输容器）等，确保运输容器及内容物均符合设计的要求。

（二）辐射监测，包括监测仪器状态、人员资质、监测活动情况以及监测记录等；省、自治区、直辖市环境保护厅（局）应对放射性物品运输辐射监测记录进行抽查，并根据实际情况实施监督性监测。监督性监测不得收费。

（三）运输指数、临界安全指数（限易裂变材料）和辐射水平的限值。

（四）标记、标志和标牌。

（五）运输说明书，包括特殊的装卸作业要求、安全防护指南、放射性物品的品名、数量、物理化学形态、危害风险以及必要的运输路线的指示等。

（六）核与辐射事故应急响应指南。

（七）各种证书的持有，例如运输容器设计批准书和备案证明、核与辐射安全分析报告批准书、特殊形式放射性物品设计批准书等。

（八）抽查直接从事放射性物品运输的工作人员的运输安全和应急响应知识的培训和考核情况。

（九）抽查直接从事放射性物品运输的工作人员的辐射防护管理情况。

四、各省、自治区、直辖市环境保护厅（局）应加强放射性物品运输监督检查，按程序办理辐射监测备案手续，履行通报途经地和抵达地省、自治区、直辖市环境保护厅（局）的责任。

各省、自治区、直辖市环境保护厅（局）应将放射性物品运输活动纳入本地区的辐射事故应急预案中。

放射性物品运输途经地和抵达地省、自治区、直辖市环境保护厅（局）一般不在中途拦截检查。

二〇一〇年十一月二十六日